ちくま学芸文庫

ウンコな議論

ハリー・G・フランクファート
山形浩生 訳

筑摩書房

【目次】

ON BULLSHIT
by
Harry G. Frankfurt

Japanese translation published by arrangement with Princeton
University Press through The English Agency (Japan) Ltd.

ウンコな議論

On Bullshit

ジョーンに、いやホント

現代文化の顕著な特徴というのは、それが実に多くのウンコな議論や屁のごとき理屈にまみれているということである。これは周知の事実であろう。我々誰しも、この事態にそれ相応の貢献をしている。そのくせ我々はこの状況を何の疑問もなく受け入れている。多くの人は、ウンコ議論などすぐ見破れるという自信を持っており、自分はだまされないと信じがちなのだ。したがってこの現象は、あまり意識的な関心を引き起こすこともなく、継続的な検討が行われることもほとんどなかった。

結果として、ウンコ議論や屁理屈のなんたるかについて我々は明確な理解を保持していない。なぜかくもはびこっているのか、そして何のために？　その意義についての緻密で納得のいく説明がない。言い換えると、ウンコ議論に関する理論がないのである。吾輩はウンコ議論についての理論を展開したいと愚考するものだが、その主たる方法としてはとりあえず、探求的な哲学分析を用いよう。ウンコ議論の修辞的な使われ方や誤用については検討しない。吾輩のねらいは単に、ウンコ議論のなんたるかについて雑駁なる説明を与え、それがウンコ議論ならざるものとどう違うかを説明することである――あるいは（少し別の言い方をするならば）多少概略的にではあるが、その概念構造を記述することである。

何をもってウンコな議論としようか？　その論理的な必要十分条件は、どんなに定義を工夫してみても多少は曖昧な部分が残る。そもそも「ウンコ議論」なる表現はしばしばかなり雑に使用されている―単純な罵倒語として、具体的な字義通りの意味をさして持たない場合にも使用されているからである。さらにその現象自体があまりに茫漠としてとらえどころがなく、したがってその概念に関する明確かつ明瞭なる分析はすべて、強引のそしりを免れ得ぬ。さはさりながら、決定版にはなりそうになくても、有益なることを述べるのは可能であると思われる。なんといっても、ウンコ議論についての最も基本的かつ入門的な質問ですら、現在は答がないどころか、その質問自体が存在せぬ有様なのであるから。

吾輩の知る限り、この主題についてはほとんど何の研究も行われてはおらぬ。既往研究調査は行わなかったが、なぜかといえば、どう手をつけたものやら見当がつかなかったからである。もちろん、当然参照すべき文献が一つある――オックスフォード英語辞典（ＯＥＤ）である。ＯＥＤ補巻には「ウンコ議論」の項目があり、また「屁理屈」等の関連用語で関係のある用例についても記述が見られる。必要に応じてこうした記述は検討するものとする。英語以外の辞書は検討していない。というのも、他の言語でウンコ議論や屁理屈に相当することばを知らぬためである。もう一つ有益な情報源は、マックス・ブラック『世にはばかるおためごかし』[*1]巻頭言である。おためごかしとウンコ議論がどれだけ意味的に近いのかは判断がつきかねる。もちろんこの両者は自由完全に置き換え可能というわけではない。両者の使われかたが違うのは明らかである。しかしその相違は全体として、穏健さへの配慮やその他の修辞的な差異に関するものが多く、吾輩にとって最も関心のある、厳密に文言的な意味合いとはさほど関係がなさそうである。「おためごかしですな」と言うほうが「ウンコですな」と言うよりも礼儀正しく当たりも柔らかいのである。議論を進めるために、吾輩は両者の間には修辞面以外に顕著な違いがないものと想定する。

ブラックはおためごかしの同義語を多数提案する。例えば以下の通り。ご託、世迷いごと、たわごと、無駄口、駄弁、騙《かた》り、いかさま。こうした典雅なる同義語一覧はあまり有用とは申せぬ。しかしブラックはまた、おためごかしの性質をもっと直接的に確立するという問題にも立ち向かっており、以下のような公式な定義を提供している。

おためごかし：ある人物自身の考えや感情、態度などについて、ことに思わせぶりな言葉や行動を通じた、誤解を招くような歪曲表現だが、嘘には到らないもの[*2]。

ウンコ議論の本質的な特徴を明言する場合にも、きわめて似通った定義を違和感なく行うことができよう。こうした特徴に関する個別の説明を展開するに先立って、ブラックの定義に見られる様々な要素について言及しておこう。

誤解を招くような歪曲表現。これは重複表現に聞こえるかもしれぬ。ブラックがまちがいなく念頭においていたのは、おためごかしというのが必ず相手を誤解せしめるよう意図想定されているものであり、その歪曲が偶発的なものに非ずということである。換言すればそれは意図的な歪曲なのである。さて仮に、おためごかしにはすべて騙す意図が伴うべしというのが概念的な必要条件だとしよう。するとおためごかしという性質の少なくとも一部は、下手人の心の状態に依存することとなる。したがってそれは、おためごかしとされるその発言自体のみに——内在的にも関係的にも——属する性質とは見なせぬ。この意味で、おためごかしという性質は、嘘という性質と類似している。何かが嘘であるかどうかは、その内容が偽である等、嘘つきの発言内容そのものの性質だけでは判断できない。嘘つきがその発言を行うに際し、ある心の状態を持っていた——つまり騙さんとする意図を持っていたということを必要とするのである。

おためごかしや嘘が成立する場合、そのおためごかしや嘘を発した人物の意図や信念に依存しない本質的な特徴が存するであろうか、それとも発話の中身にかかわらず——話者がある心の状態を持ってさえいれば——おためごかしや嘘になり得るのであろうか。この点はさらに問題となる。一説によれば、内容的に偽である発言がなされぬ限り、そこに嘘はない。別の説によれば、発言自体が真実であった場合でも、発言者がそれを偽であると考え、その発話によって相手を騙そうと意図していた場合には、それは嘘となる。おためごかしやウンコ議論、屁理屈ではどうであろうか。発話者の心がしかるべき状態にあれば、どんな発話でもおためごかしやウンコ議論と認められるのであろうか、それとも発話自体がそれ自体として何らかの特徴を備えているべきであろうか？

　嘘には到らないもの。おためごかしが「嘘には到らない」と言うからには、それは嘘が持っている独自の特徴をある程度は持つ一方で、嘘には欠けている特徴も持たなくてはならない。だが、それだけですむはずがない。というのも、あらゆる言語使用は例外なしに、嘘の持つ特徴的な性質をすべてではなくとも一部は持つからである――何はなくとも、それがそもそも言語使用の一形態だという共通点は存在するのである。だが、だからといってあらゆる言語使用を嘘には到らないと形容するのは、間違いなく不正確であろう。ブラックの言い方は、何か連続的に変化する段階的な概念を想起せしめる。その連続した概念の中では、嘘がある範囲の領域を占め、おためごかしはそれとはっきり分かれた、もっと程度の小さい範囲を占める。おためごかしなるものが、嘘よりも低い部分にしか登場しないというこの概念連続体とはいかなるものであろうか。嘘もおためごかしも、いずれも歪曲表現である。しかしながら、これら二種類の歪曲表現が単に程度の差でしかないのかと言えば、これはなかなかに答えにくい。

ことに思わせぶりな言葉や行動を通じた。ここには留意すべき点が二つある。まず、ブラックはおためごかしを単なる発話の分類としてのみならず、行動の分類としても考えている。それは言葉でも行動でも実現できるのである。第二に、ブラックがわざわざ「ことに」という修飾詞をつけたのは、思わせぶりであることを、おためごかしの本質的または完全に不可欠な特徴と見なしてはおらぬということを示す。さらにウンコ議論や屁理屈について言えば「思わせぶりな屁理屈」というのはほとんど不可分に思えるほどである。だが吾輩としては、それらが思わせぶりであるとしても、それは思わせぶり性がウンコ議論や屁理屈の本質的な構成要素であるからというより、むしろその動機になっているからであると考えたい。ある人物が思わせぶりに振る舞っているという事実は、その発話をウンコ議論と考えるべき必要条件の一部とは考えにくい。確かに、それはその人物がそうした発話を行う前提にはなることが多い。しかしながら、ウンコ議論や屁理屈が常に必ず思わせぶり性を動機として持つと想定してはならない。

ある人物自身の考えや感情、態度などについて（中略）の歪曲表現。

この条件は、おためごかしの下手人は要するに自分自身の持つ考えを歪曲して表現しているのだ、と述べている。これは極めて核心的な問題を提起するものである。まず、ある人物が意図的に何であれ歪曲表現を行う場合には、その人物は必然的に自分自身の心の状態を歪曲表現しているのである。もちろんその人物が歪曲して表現しているのが、その心の状態だけだということはあり得る——たとえば実際には抱いていない欲望や感情を抱くふりをする場合などである。しかしながら、ある人物が、嘘をつくなど別の方法で、何か別のものを歪曲したとしよう。その場合、その人物は必然的に少なくとも二つのものを歪曲したことになる。その人はまず、自分の話の対象——つまりその言説の主題または参照対象となっている物事の状態——を歪曲している。そしてそれにより、同時に自分の心も歪曲して表現せざるを得ない。つまり自分の財布の中身について嘘をつく人物は、自分の財布内の金額について説明すると同時に、自分がその説明を信じていることを伝える。もしその嘘が通用したなら、その被害者は二重に騙されたこととなる。嘘つきの財布の中身について誤った信念を抱くとともに、嘘つきの心にあることについても誤った信念を抱くことになるからである。

さてブラックは、おためごかしの指示対象が常に話者の心であるべきだと想定していたのだろうか。そうは考えにくい。なぜなら結局のところ、他のことについておためごかしを言えない理由は特に見あたらないからである。ブラックが言いたかったのはこういうことではないか。つまり、おためごかしの目的は、その話題の何らかの状態についての誤った信念を植え付けることではなく、むしろ話者の心の中で起きていることについて誤った印象を与えることなのである、と。

かような理解に基づけば、ブラックがおためごかしを「嘘には到らない」と特徴づけた理由についても見当はつく。吾輩が手持ちの金額について嘘をついたとする。その場合、吾輩はそれで自分の信念について明示的な主張をしているわけではない。よって、この嘘をつくことで吾輩が（ポケットの中身についての歪曲とは別に）自分の心にあることを歪曲したのは間違いないにしても、厳密に言えばそれはまるで嘘とは言えない——、そういう主張も、多少は説得力を持つ。というのも人は自分の心の中身について、どんな表現であれそのまま出したりはしないからだ。また吾輩が認めた声明――たとえば「財布の中には二〇ドルあります」――は、吾輩が何らかの信念を持っているとは一切主張しない。一方でこれまた疑問の余地がないことだが、その声明は聞き手にとって、吾輩の信念に関する判断を行うためのそれなりの根拠にはなる。具体的には、吾輩が自分の財布に二〇ドルあると信じているのだと判断するための根拠をある程度は提供することとなる。吾輩が財布に二〇ドルあると信じているのだという想定は、ここでは偽だと仮定してある。よってこの嘘で吾輩は自分の心中をごまかしたわけではないが、それについての相手の判断は結果として誤ったものになりがちだというのも確かである。この観点からすれば、吾輩が「嘘には到らない」形で自分の信念について歪曲したと考えるのは、不自然でも不適切でもない。

ブラックのおためごかしの説明が、文句なしにあてはまる状況は珍しくもないから、すぐに想像できる。アメリカ独立記念日の式典で演説者が、大仰にこう述べるところを想起されたい。「我らが偉大にして祝福されたる祖国、その建国の父たちは神のお導きをもって、人類にとっての新たな出発点を築き上げたのです」。これは間違いなくおためごかしである。ブラックの説明が述べるように、この弁士は嘘をついてはおらぬ。これが嘘となるには、例えばアメリカが偉大か、それが祝福されているか、建国者たちが神に導かれたか、そしてかれらのやったことが本当に人類にとっての新しい出発点だったか、といった点をめぐり、演説者自身が偽だと思っているような内容を聴衆に押しつけたいと意図する必要がある。だがこの演説者は、聴衆が建国の父たちについてどう思おうと、アメリカの歴史における神の役割をどう考えようと、実はまったく意に介してはおらぬ。少なくとも、この人物の演説を動機づけているのは、こうした点について誰かが実際にどう思っているかといった関心ではない。

　この独立記念日の弁舌をおためごかしにしている本質的な要素は、話者が自分の発言を偽と認めているということではない。むしろ、ブラックの説明が示唆するように、演説者はこうした発言が自分自身についてある印象を伝えるよう意図しているのである。かれは米国史について人を騙したいわけではない。この人物が気にしているのは、人々が自分をどう見るかということである。自分が愛国者であり、我が国の起源と使命について深い思索と感情を抱いており、さらにその歴史についての誇りが神に対する謙遜と共存している等々といった人物であると思ってほしいのである。

するとブラックによるおためごかしの説明は、一部のパラダイムには実にしっくりとはまるようである。それでも、その説明がウンコ議論の本質的な性格を適切かつ正確に捉えているとは思えぬ。ブラックによるおためごかしの記述と同様に、ウンコ議論についてもそれが嘘には到らず、またそれを試みる人物が自分自身について何らかの形で歪曲を行おうとしているとは言える。しかしこの二つの特徴に関するブラックの説明は、大幅に的を外れている。これからルードウィヒ・ウィトゲンシュタインについての伝記的な記述を検討することで、ウンコ議論や屁理屈の中心的な性質がずばり何であるのかについて、さらに正確に的を絞った説明の展開を試みよう。

ウィトゲンシュタインはかつて、ロングフェローによる以下のちょっとした詩が自分のモットーとして使えると述べている。*3

技芸の古き日々には
あらゆる微小で目に見えぬ部分を
建設者たちは細心の注意をもって仕上げた
なぜなら神々はあらゆる場所におわすから。

この詩文の論点は明らかである。古き日々には、職人たちは手を抜かなかった。慎重に作業を行い、作業のあらゆる面に心をこめた。成果物のあらゆる部分は検討され、それぞれがあるべき姿にきちんとなるように設計され、仕上げられた。こうした職人たちは、通常は目に見えないような部分の仕事についても、こうした思慮深い自律心を失わなかった。そんな部分が多少雑でも誰も気がつくまいが、この職人たちの良心がそれを許さなかったのである。したがって手抜きはなかった。あるいはこうも言えようか。そこにはウンコな部分がなかった、と。

いい加減に作られたできのわるい代物を、ウンコ議論や屁理屈の類似品と考えるのは、ある意味で確かに適切に思える。だがある意味とはいかなる意味であろうか？　ウンコ議論自体がすべていい加減で自堕落な形で作られること、それが決してきちんと作られることがなく、それを作りあげるにあたって、ロングフェローが述べるような細心の入念な細部への配慮が欠如しているという点においてであろうか？　ウンコ議論を行う者は、まさに本質的に投げやりな怠け者と言えるであろうか？　その産物は必然的に粗雑で洗練を欠くのであろうか？　「ウンコ」という用語は確かにそう示唆している。排泄物はいささかも設計・構築されていない。単に排出され、放出されるのみである。それなりに一貫した形を持つことも持たないこともあるが、いずれにしてもそれは仕上げられてはいない。

つまり慎重に仕上げられたウンコ議論や屁理屈という概念は、ある種の無理を内包している。細部への慎重な配慮は、規律と客観性を必要とする。衝動や気まぐれへの耽溺を禁ずるような基準や制約を受け入れねばならぬ。こうした無私性は、確かに屁理屈と関連づけるのが不適切と思える。だが実際にはあり得ぬことではない。広告や広報といった分野、そして今やそれと密接に関連した政治の分野は、あまりにまぎれもない、まったく議論の余地のない古典的な見本といえるウンコ議論の事例だらけである。そしてこうした分野にはきわめて洗練された職人たちがおり、先進的で厳しい市場調査や世論調査や心理テストなどの技法を使いつつ、創り出すあらゆる言葉やイメージを完全に思い通りに仕上げている。

しかしながら、この点についてはもっと述べておくべきことがある。ウンコ議論者がどれほど勤勉かつ良心をもって作業を行ったとしても、その人物が何かをごまかさんとしているのは相変わらず事実である。粗雑な職人の仕事と同じく、その人物の仕事にも中立的で禁欲的な自律心の要求に耐えない、あるいはそれを逃れようとするある種の放縦さが間違いなく存在するのである。そこに存する放縦さの形は、もちろん単なる不注意さや細部の見落としと同列には扱えぬ。後でこれをより正確に位置づけんと試みよう。

ウィトゲンシュタインはその哲学的なエネルギーを、もっぱら狡猾で破壊的な「ナンセンス」と考えるものの発見と阻止に費やしていた。

私生活でもどうやらそうしていたらしい。これは一九三〇年代にかれとケンブリッジで知り合いだったファニア・パスカルの語る逸話に表れている。

扁桃腺を摘出して、きわめて惨めな気分でイブリン療養所に入院しておりました。ウィトゲンシュタインが訪ねて参りましたので、わたしはこううめきました。「まるで車にひかれた犬みたいな気分だわ」。するとかれは露骨にいやな顔をしました。「きみは車にひかれた犬の気分なんか知らないだろう」[*4]

さて実際に何が起きたかは何人たりとも知り得ぬ。パスカルが述べたと自称しているようなことに対し、誰であれ真剣に反論するなどということは驚くべきことで、ほとんど信じがたい。彼女の気分の表現——これは英語でごく普通に使われる「犬のように苦しい」と無邪気なほどに近い——は、嫌悪などという活発で強い反応を引き起こすほどの挑発性はまったく持ち合わせていない。パスカルの直喩が気に障るものなら、言語の比喩的、隠喩的な利用はすべて気に障るものとなってしまうであろう。

したがって、話はパスカルの述べたのとはちがったのやもしれぬ。ウィトゲンシュタインは単にちょっとした冗談を言おうとして、それが不発に終わったのかもしれない。パスカルを叱りつけるふりをしただけで、単にくそまじめなふりをしてからかいたかったのかもしれない。そしてパスカルのほうが、口調や意図を誤って受け取ったのかもしれぬ。パスカルは相手が自分の発言に嫌悪したと思ったが、実はかれは戯れに誇張した批判もどきの冗談で意気の向上を試みたに過ぎぬかもしれぬ。そう考えるとこのできごとは、結局は信じがたくもないし異様とも呼べぬ。

だが、ただの戯れをパスカルが誤解したにしても、ウィトゲンシュタインが真剣だった可能性は決してあり得ぬものではなかった見込みはある。パスカルはウィトゲンシュタインの人となりを承知していたし、かれから何を期待すべきかも知っていた。かれが自分をどういう気分にするかも知っていた。とすれば、彼女がその発言を誤解したにせよ正しく理解したにせよ、彼女の知る限りウィトゲンシュタインはそういうことをやりかねぬ人物だった可能性がきわめて高い。このできごとについてのパスカルの説明は、ウィトゲンシュタインの意図に照らして厳密に正しくはなかったかもしれぬ。だがパスカルの抱いていたウィトゲンシュタイン像とは十分に整合しており、筋が通っていたと考えても問題はなかろう。ここでの議論のために、吾輩はパスカルの報告を額面通りに受け取り、比喩的、直喩的な言葉遣いに関する限りウィトゲンシュタインはパスカルが描く通りの非常識な人物だったのだと仮定することにする。

では、彼女の報告の中のウィトゲンシュタインは、結局のところ一体何に対して異を唱えたのであろうか？　ウィトゲンシュタインは事実関係を正しく理解しているとしよう。つまり、パスカルは車にひかれた犬の気持ちを本当には知らぬとしよう。だがその場合でも、そういう気分だと述べたパスカルは嘘をついているわけではまったくない。この発言時に、パスカルが実はかなりよい気分であると感じていたのであれば、これは嘘をついていたことになる。というのも犬の生についてどれほど無知であるにしても、車にひかれたときに犬は決してよい気分ではないということは、パスカルですら嫌でも理解できていたはずだからである。したがってもし彼女が実際にはよい気分であったのなら、車にひかれた犬のような気分だと主張するのは嘘になる。

パスカルの描くウィトゲンシュタインは、彼女が嘘をついたからではなく、別種の歪曲を行ったことで彼女を糾弾せんとしている。彼女は自分の気分を「車にひかれた犬の気分」と表現している。しかしながら彼女は、この台詞が挙げている気分を真に熟知しているとは言えない。もちろん、完全なナンセンスからはほど遠い。まったくのでたらめを述べているわけではない。彼女の叙述には理解できるだけの含みがあり、彼女自身はもちろんそれを理解している。さらに彼女は、この台詞で言及している気分の性質について、多少の知識は有している。少なくともそれが望ましくない、楽しくない気分であり、嫌な気分だというのは知っている。彼女の発言の問題は、それが単に、気分が悪いという以上のことを語っているということだ。彼女の気分の描写はあまりに具体的すぎた。過剰に具体的すぎた。それは単に嫌な気分だというにとどまらず、彼女の発言によれば、犬が車にひかれたときに感じる特定の嫌な気分なのである。パスカルの談話に登場するウィトゲンシュタインにしてみれば、その反応から見る限り、これはただのウンコ議論としか思えなかったのであろう。

さて、ウィトゲンシュタインがパスカルの気分表現を本当にウンコ議論の見本だと思っていたのなら、それはなぜか? 吾輩が思うに、それはかれがパスカルの言うことを——雑駁に言わせてもらえば——真実への配慮を欠いたものだと受け取ったからである。車にひかれた犬がどんな気分か、パスカルはきわめて漠然とした意味合い以外では知っているつもりさえない。したがって彼女自身の気分の記述は、単なる思いつきに過ぎぬ。口先の出任せ以外ではない。あるいはそれが他人の受け売りだったなら、無批判に反復して、その実際の状態について何も考えずに繰り返しているだけなのである。

パスカルの述べるウィトゲンシュタインが怒っているのは、この思慮の欠如に対してである。ウィトゲンシュタインを嫌悪せしめたのは、パスカルが自分の発言の正しさを気にもしていないということである。もちろん、パスカルがそういった発言をしたのは、単に少し華のある物言いをしたかっただけとか、陽気で快活に振る舞おうとしてちょっとすべっただけという可能性はきわめて高い。そしてウィトゲンシュタインの反応は――パスカルの証言に基づけば――異様に不寛容なものではある。だがそうは言っても、その反応の要点は明らかなようである。ウィトゲンシュタインは、パスカルが自分の気分について考えなしに、関連した事実に対する意識的な注意を払わずに語っていたと理解したかのような反応を示している。彼女の発言は「細心の注意をもって仕上げ」られてはいない。その正確さの問題をまったく考慮せずに発言を行っている。

ウィトゲンシュタインを悩ませた問題はどう見ても、パスカルが自分の気分を不正確に描写したということではあり得ぬ。不注意で間違えたということでさえない。パスカルのいい加減さ、配慮のなさは、物事を正しく表現しようと尽力していたにもかかわらずうっかりまたは一瞬の不注意で関心がとぎれ、間違いがその発言に入り込むことを許したという問題でもない。パスカルは現実を正確に言い表すための努力がもたらす制約をしっかり受け止めることなく、ある物事の状態の記述を提示した。ウィトゲンシュタインの見る限り、問題はそこにある。彼女の罪は物事を正確に描かなかったことではなく、左様な努力すら怠ったということなのである。

これはウィトゲンシュタインにとっては重要であった。なぜかといえば、そうすることが正しいかどうかはさておき、かれはパスカルの発言を真に受け、それが自分の気分に関する情報豊かな記述を提供しようとする発言であると受け取ったからである。ウィトゲンシュタインはパスカルを、何が真で何が偽かという区別がきわめて重要な活動に従事する人物であると理解しており、それにもかかわらずその彼女が、自分の発言の真偽をまったく意に介していないと理解したのである。パスカルの発言が真実に対する配慮と切り離されているというのはこの意味においてである。彼女は自分の発言の真理値を気にしていない。だからこそ彼女は嘘をついているとは言えない。というのも彼女は真実を知っているとは主張しておらず、したがって偽であると想定するような発言を意図的に広めようとしているはずはないからである。彼女の発言は、それが真であるという信念にも基づかず、嘘であれば必然であるような真でないという信念にも基づいてはおらぬ。かような真実への配慮との関連欠如――物事の実態についてのこの無関心ぶり――こそまさに、吾輩がウンコ議論の本質と考えるものなのである。

さて今度は、ウンコ議論や屁理屈の性質を明らかにするに適切なる記述を「オックスフォード英語辞典」より(いささか選択的に)検討することとしようではないか。OEDは「屁らず口のたたき合い」なるものを「非公式な会話や議論、特に男性集団によるもの」と定義づけておる。さて定義としてこれは間違っておるように見受けられる。一つには、この辞典は「屁らず口のたたき合い」におけるたたき合いというのがもっぱら単に男性らしさを指すものであると明らかに想定している。しかし「屁らず口のたたき合い」の参加者が一般的あるいは典型的に男性であるにしても、「屁らず口のたたき合い」が要は男性たちの非公式な議論以上のものに非ずと主張するのは、井戸端会議が単に婦人たちの非公式なる会話に過ぎぬという並行した主張に負けず劣らず的はずれなものである。おそらく井戸端会議における参加者が女性であることは事実であろう。にもかかわらず井戸端会議なる用語は、そうした井戸端会議が典型的に供されるところの婦人らによるある種の非公式会話よりもっと狭い意味を伝えているのである。「屁らず口のたたき合い」を構成する男性間のある種の非公式議論における特徴は、次のようなものに思える。すなわち議論そのものは真摯にして重要ではあっても、ある意味でそれは「本気」ではないのである。「屁らず口のたたき合い」に特徴的な話題は、人生においてきわめて個人的で感情的な側面に関するものである——たとえば宗教、政治、セックスなど。人々は、発言があまりに真に受けられそうだと感じればこうした話題についておおっぴらに語りたがらないのが普通である。「屁らず口のたたき合い」で通常起こるのは、参加者たちが各種の考え方や態度を試し、自分がそういう発言をするとどういう気分になるか、他人がどう反応するか見きわめ、しかも発言に拘束されずにすむ、という事態である。参加者全員が承知しているのは、そこでの人々の発言が必ずしもその人物の本当の信念や本当の気持ちを述べたものに非ずということである。重要なのは、高度な率直さを可能にし、問題となっているテーマについての実験的、冒険的なアプローチを行うことである。したがってある種の無責任さを楽しめるような約束が取り交わされ、人々は言質を取られる不安なしに思うところを伝え得るようになる。

換言するなら、「屁らず口のたたき合い」への貢献者それぞれは、何らかの表明・発言を行っても、それを心底から真と考えたり議論の余地なく真と信じているとは判断されないという一般的理解をあてにしているのである。会話の目的は信念を伝え合うことに非ずして、故に人々の発言と信念との関連に関する通常の想定は棚上げされる。屁らず口における発言が屁理屈と異なるのは、後者の場合にはその関連想定の棚上げ合意が存在しないという点である。屁理屈との類似点は、それがある程度までは真実に対する配慮の制約を受けないという点である。この屁らず口と屁理屈との類似性は、屁のカッパという表現からも示唆されるものであり、ここでの屁は屁理屈を特徴づける会話を指し、また屁のカッパということばはおそらくは「屁をパッパとかける」をお上品にした用語なのである。

似たような主題がイギリスでの屁なちょこ儀式という用法にも見られ、これはOEDによれば「無用な決まり切った仕事や儀式、過剰な規律や凝りすぎの仕事、お役所手続きと同義」。辞典は以下の用法を提示している。

中隊は、駐屯地に飛び交うあまりの屁なちょこ儀式を実にうっとうしく感じた。(I. Gleed, *Arise to Conquer* vi. 51, 1942) 先方がこちらに衛兵を向かせ、こちらは視線を右に向けつつ彼らの横を行進する等、その手の屁なちょこ規則だ。(A. Baron, *Human Kind* xxiv. 178, 1953) 議員の生活におけるドタ作業と屁なちょこ儀式 (*Economist* 8 Feb. 470/471, 1958)

ここで屁なちょこという用語は明らかに、本来の目的とはほとんど何の関係もないとか、目的を実現する仕組みとして何ら正当化できぬという意味で無意味な作業を指している。凝りすぎの仕事やお役所手続きは、ある目的の追求に意識的に専念するはずの機関や行為者たちによって課されるものでありながら、実際には軍人や政府官僚の「本当の」目的にはまともに貢献しないものと想定されている。このため屁なちょこ儀式を構成する「無用な決まり切った仕事や儀式」は、それが割り込む正当な活動の動機からは切り離されており、それは「屁らず口のたたき合い」で言われることが本当の信念からは切り離されており、屁理屈やウンコ議論が真実への配慮と切り離されているのと同じなのである。

「屁」という用語はまた、もう少しばかり広範でおなじみの用法においては、ウンコ議論と同じながらお下品さ多少控えめな表現として使用に供されている。かような意味で使われた「屁」の説明として、OEDはかくのごとき定義を示唆している。「どうでもいい、不誠実、あるいは事実でない談話や文章、ナンセンス」。さて、屁特有の特徴を考えるとき、それがどうしても無意味でなくてはならない、あるいは必然的に重要でないというのは当たらないように思える。したがって「ナンセンス」や「どうでもいい」は、そもそも曖昧であることを度外視しても、方向として間違っているように見受けられる。「不誠実、あるいは事実でない」のほうがましだが、もう少し研ぎ澄ますべきであろう。[*5] そこの項目はまた以下の二つの定義を掲載している。

1914 方言メモ IV. 162 屁：目的に合致しない談話、「ふかし」。
1932 タイムズ文芸付録 8 Dec. 933/3「屁のつっぱり」ははったり、虚勢、「ふかし」、そしてかつて軍隊で「部隊をだます」と称していたものを組み合わせた俗語表現である。

「目的に合致しない」は適切ながら、範囲が広すぎると共に曖昧に過ぎる。脱線や罪のない見当はずれな談話も含んでしまうが、これらは必ずしも屁の例とはならない。さらに、屁が目的に合致しないと述べてしまうと、どんな目的が意図されているのかが不確定となってしまう。どちらの定義にも存在する「ふかし」への言及のほうがもっと役に立つ。

ある談話をふかしであると特徴づけるとき、それは話者の口から出てくるものがまさに口先だけのものだという意味である。ただの空気。その人物の談話は空疎であり、内容も重みもない。その人物の言語使用は、したがってそれが奉仕すると称する目的に貢献せぬ。話者が単に息を吐き出した以上の情報は伝達されない。ちなみに屁とはまさに尻からの「ふかし」であり、排泄物とは類似性があり、したがってふかしはウンコ議論の同等品としてきわめて適切であるように思える。屁やふかしが有益なる内容をすべてくりぬかれた発話であるように、排泄物は滋養あるものがすべて抜き取られた物質である。排泄物は滋養の死体、食物の重要な要素が使い果たされた後に残るものとして見ることができる。この意味で、排泄物は我々自身が生み出す死の表象であり、生を維持するあらゆる過程において我々が作り出さずにはいられないものなのである。我々が排泄物をかくも嫌悪するのは、それが死をあまりに身近にしてしまうせいなのかもしれない。いずれにしても、それは生命維持の目的を果たせず、これはふかしがコミュニケーションという目的を果たせないのと同様である。

さて今度はパウンドの『ピサ詩編』LXXIVの一部を見ていただきたい。これはOEDがウンコ議論が動詞形で使われた用例として挙げているものである。

よう片輪、聖書にゃ何書いてある？

聖書の書を挙げてみな
言ってみろ、クソぬかしてないで[*6]

これは事実を求める呼びかけである。呼びかけの相手は明らかに何やら聖書について知っていると主張したか、それを重視していると述べたわけだ。話者はこれがただの口先だけの物言いだと考え、その主張を事実で裏付けろと要求している。単にそう言うだけでは受け入れないぞ、実物を見ないと信用しない、と言っている。言い換えると、おまえの主張ははったりだ、と言っている。ウンコ議論とはったりとの関係は、パウンドの詩文が引用されている定義文で明示的に指摘されている通り。

他自　戯言を語ること。（中略）また、戯言を語ることで、はったりで（事態を）乗り切ること。

確かにウンコ議論にはある種のはったりが絡んでくるようだ。嘘よりは、はったりに近いのは間違いない。しかしそれが前者より後者に近いという事実から、その性質についてどんな意味合いが見て取れるであろうか？　はったりと嘘のちがいの中で、ウンコ議論や屁理屈に関係あるのは、ずばり何であろうか？

嘘とはったりはどちらも歪曲か詐術の様式である。さて、嘘の決定的な性質において最も核心にあるのは、それが虚偽だということとなる。嘘つきとは、つまるところ意図的に偽なる内容を広めようとする人物である。一方のはったりも、普通は何か誤った内容を伝えるのに費やされる。しかし単純な嘘とはちがい、むしろ内容的な誤りよりも形式や由来の偽物性のほうが問題になる。これこそ、はったりをウンコ議論と近しくしているのである。というのもウンコ議論の本質はそれが誤っていることではなく、それがまやかしだということだからである。この相違を理解するためには、偽物やインチキというのがいかなる点でも（正真性を除けばだが）本物に劣るものである必要はないという認識が必須である。結局のところ、それは正確な複製であってもかまわぬ。偽物のだめなところはそれ自体がどういう物かという点ではなく、それがどう作られたかということなのである。これはウンコ議論や屁理屈の本質的な性質に関する、類似の根本的な側面をも指摘している。真実について配慮なしに生み出されてはいても、偽物である必要はないのだ。ウンコ議論者は物事をでっちあげる。だが、だからといって必ずしもそれが間違っているとは言えぬ。

エリック・アンブラーの小説『ダーティ・ストーリー』で、アーサー・アブデル・シンプソンという名の登場人物が、子供時代に父親から受けた助言を回想する。

父が殺されたときにはたった七歳だったが、いまでも父のことはよく覚えているし、父の台詞の一部もよく思い出す。（中略）父が真っ先に教えてくれたのは「ウンコ議論で押し通せるときには絶対に嘘をつくな」ということだった。[*7]

これは嘘をつくこととウンコ議論や屁理屈を述べることとの間に重要な差があることを前提としているばかりか、ウンコ議論のほうが嘘よりも良いという前提を持つ。さて、シンプソン父は、ウンコ議論が嘘よりも道徳的に優れていると思っていたわけではあるまい。さらに、どちらでも使える状況においてウンコ議論よりも嘘のほうが目的達成にあたっての有効性が確実に低いと考えていたこともなさそうである。というのも、慎重に構築した嘘はまちがいなく成功するはずだからだ。シンプソンとしては、嘘よりウンコ議論のほうが見破られにくいと思ったのかも知れぬ。あるいは、いずれの場合も見破られる確率は似たようなものだが、見破られたときの落とし前は、ウンコ議論者のほうが嘘つきより軽くてすむことが多いと言いたかったのかも知れぬ。実際、人々は嘘よりはウンコ議論や屁理屈のほうに寛容である。これは人々が前者を個人的な侮辱として受け取るからかもしれない。人はウンコ議論とは距離を置こうとするものの、嘘が引き起こしがちな冒瀆感や激怒よりはむしろ、うんざりした苛立ち混じりで肩をすくめて立ち去ることが多い。なぜウンコ議論に対する人々の態度が、嘘に対する態度よりも一般に穏健なのかを理解するという問題は重要であり、これは読者諸賢への練習問題として残しておくとしよう。

だが重要なのは、嘘とウンコ議論や屁理屈一つとの比較ではない。老シンプソンは、嘘をつく代替手段として、「ウンコ議論で押し通す」ことを挙げている。これは単にウンコ議論を一つ出すにとどまらぬ。一連のウンコ議論や屁理屈を、その状況で要求される限り繰り出し続ける、ということである。おそらくこれが、老シンプソンの嗜好を説明する鍵である。嘘は、鋭い焦点を持つ行為である。それは信念の集合や体系の特定の場所に、特定の偽情報を挿入し、その地点が真実に占拠されるのを防ぐように設計されている。これにはある程度の職人技術が必要とされ、そこで嘘の語り手は、自分が真実だと思う物によって課される客観的な制約を受け入れることになる。嘘つきはどうしても真理値を考慮せざるを得ない。そもそも嘘を考案するためには、その人物は自分が事実を知っていると考えなくてはならない。そして有効な嘘を発明するためには、その虚偽を真実に導かれる形で設計しなくてはならない。

一方、ウンコ議論や屁理屈で押し通そうとする人物にはずっと多くの自由度がある。この人物の焦点はピンポイントではなくパノラマ的である。ある特定の場所に偽情報を挿入するだけに制限されることはないし、その地点を取り巻いたり関連したりする真実にも制約されぬ。必要に応じて文脈をでっちあげることも辞さないからである。嘘つきが直面する各種制約から自由だからといって、もちろん必ずしもその作業が嘘つきの作業より簡単だということにはならない。しかしウンコ議論や屁理屈が依存する創造性の様式は、嘘つきにおいて動員されるものよりも分析性や熟慮性が低い。もっと広がりを持ち、独立性が高く、即興や華やかさ、創造的な遊びの機会も広いのである。これは訓練よりは才覚の問題といえよう。だからこそ「芸術的なウンコ議論」や「屁理屈名人」というものもあり得るわけである。推察するに、アーサー・シンプソンの父君による推奨提示は、相対的な便益や有効性とは関係なくこうした創造性のあり方に惹かれたからであって、嘘つきに求められるもっと謹厳で厳しい要求にはそれほど惹かれなかったからであろう。

ウンコ議論が本質的に歪曲するのは、それが言及する事物の状態でもなければ、その事物の状態をめぐる話者の信念でもない。一方の嘘は、偽りであることによりこれらを歪曲するものである。ウンコ議論は必ずしも偽ではないため、その歪曲の意図の点で嘘とは異なる。ウンコ議論者はわれわれを騙さないかもしれず、また事実やそれに関する自分の見解について、騙そうと思ってさえいないかもしれない。かの人物が必然的にごまかそうとするのは、そこで語るという己の行為そのものについてである。ウンコ議論や屁理屈においては、その人物が何らかの形で己自身の行動を歪曲するということこそが不可欠なまでに特徴的な性質なのである。

かの人物と嘘つきとの区別の核心がここにある。ウンコ議論屋も嘘つきも、真実を伝えようとしているかのような虚偽の振る舞いをする。両者の成功は、その点について我々を騙しおおせるかにかかっている。しかし嘘つきが己について隠す事実は、自分が現実の正しい把握から相手を遠ざけようとしているということである。聞き手は、相手をして偽であると考える内容を信じせしめたがっているのだということを知ってはならぬ。一方、ウンコ議論者が隠そうとする自分に関する事実は、発言の真理値を自分がまったく気にしていないということである。聞き手が知ってはならぬのは、その人物の意図が真実を伝えることでもなければそれを隠すことでもない、ということである。だからといってその発言がでたらめの思いつきである必要はない。だがそれを導き制御する動機は、その話題の実際の状態には関係ない、ということなのである。

真実を知っていると思っていない人物は、嘘をつくことはできぬ。ウンコ議論や屁理屈には、そうした前提は必要ない。嘘をつく人物はそれにより真実に反応しており、その意味で真実を尊重しているわけだ。正直者が語るとき、その人物は自分が真実だと信じることしか語らない。そして嘘つきの場合、当然ながらその人物は自分の発言が偽だと信じていることが不可欠である。しかしウンコ議論屋にとって、これはどれも保証の限りではない。その人物は真実の側にもいなければ偽の側にもいない。その目は正直者や嘘つきの目のように真実のほうを向いておらず、単に自分の発言で切り抜けるにあたって有益なときだけ事実のほうを見ている。自分の発言が現実を正しく描いているか気にしない。目的にあわせて適当に選び出し、あるいはでっちあげるのみである。

聖アウグスチヌスはその小論「嘘をつくこと」の中で、意図や理由の特徴を元に嘘を八種類に分類している。これらの分類のうち、七種類は、何らかの目的を実現するために不可欠なものとして語られる嘘であり、単に偽の信念を作るだけをねらったものではない。言い換えると、語り手にそうした嘘をつかせるのは偽発言そのものではない。そうした嘘は騙すこと自体とは別の目的実現に不可欠である場合にのみ語られるため、聖アウグスチヌスはそれらを不本意に語られる嘘としている。その人物が本当に求めているのは、その嘘をつくことではなく、目的を実現することなのである。したがってそれらは聖アウグスチヌスに言わせれば本当の嘘ではなく、それを語る者たちは最も厳密な意味では嘘つきではない。「嘘をついて騙す喜びだけのために語られる嘘、すなわち真の嘘[*8]」と指摘されるのは、最後のものだけである。この分類の嘘は、偽性を広める以外の目的実現手段として語られるものに非ずして、単にそれ自身のために——つまり純粋に騙すのが好きなために語られるものである。

嘘を口にする人物と嘘つきとはちがう。前者は不本意ながら嘘を語る。後者は嘘が好きで、嘘をつくのを楽しんで時を過ごす。（中略）後者は嘘をついて喜び、詐術そのものに歓喜する。*9

アウグスチヌスが「嘘つき」や「真の嘘」と呼ぶものは、珍しく非凡なものである。誰しもたまには嘘をつくが、偽証や詐術が好きだというだけで始終（あるいは一度でも）嘘をつこうと思いつく人物はきわめて少ない。

ほとんどの人にとって、ある発言が偽であるということは、それだけでその発言を控えるに足る理由となる。それが説得力のないすぐに反駁できるものであってもである。ところが聖アウグスチヌスの純粋嘘つきの場合、発言内容が偽だということ自体がその発言を行う理由となる。ウンコ議論者の場合、偽であるというだけでは発言をする理由にも、しない理由にもならない。嘘をつく場合にも真実を語る場合にも、人々は物事の実際の状態をめぐる信念に導かれている。世界を正しく描く場合も、騙すように描く場合も、かれらを導くのはその信念である。故に嘘をつくからといってその人物は、真実を語るにふさわしからぬ人物というウンコ議論者が陥りがちな存在とはならぬ。ウンコ議論や屁理屈活動に過剰に耽溺する、つまりその場しのぎ以外に何ら関心を払わずに発言を行うという活動にばかり従事することで、物事の状態を観察するという通常の人に備わった習慣は弱まったり失われたりしてしまう。嘘をつく人物と真実を語る人物とは、同じゲームの中で反対の立場を演じている。それぞれは自分が理解した事実に反応するが、片方の反応は真実の権威に導かれており、他方の反応はその権威を否定してその要求に応えることを拒絶する。ウンコ議論者はそうした要求そのものを無視する。その人物は嘘つきとちがって真実の権威を否定もせず、それに逆らう立場に身を置くこともしない。真実の権威をまるで意に介さぬ。この点からして、ウンコ議論は嘘よりも大いなる真実の敵なのである。

事実を伝える、または隠すことが念頭にある人物は、判断可能で知り得る事実が確かに存在すると想定している。真実を語ったり嘘をついたりするときに前提となっているのは、何かが正しく理解される場合と間違って理解される場合では違いがあって、少なくともたまにはその違いを見きわめられるという点にある。発言のどれかが真実でどれかが偽であるという判別可能性を信じ得ぬ人物には、選択肢は二つしかない。一つは真実を語る努力と騙す努力の両方を控えることである。これは事実についてのいかなる発言をも控えるということである。第二の選択肢は、物事の実態を描くと称しつつ実際にはウンコ議論以外の何物でもないような主張を行うことである。

なぜこれほどウンコ議論が多いのか？　もちろん他の時期と比較して近年において相対的にそれが増加したかどうか、検証するのは不可能である。現代においては過去のどの時代に比べても各種のやりとりは増しているが、ウンコ議論であるものの比率は増していないかもしれぬ。現在においてウンコ議論の件数が本当に増えているとは主張しないまでも、現在それがかくも多いという事実の説明に役立つ考察をいくつか述べておこう。

ウンコ議論や屁理屈は、知りもしないことについて発言せざるを得ぬ状況に置かれたときには避けがたいものである。したがってそれらの生産は、何かの話題について語る義務や機会が、その話題に関連した事実についての知識を上回る時に喚起されるのである。この乖離は公的な場面ではありがちで、そうした場面において人々はしばしば――自分自身の性向や他人の要求によって――自分がそこそこ無知であるような事物について、あれこれ語るように求められる。これときわめて密接に関連した話ではあるが、民主主義における市民はどんなことについても――少なくとも自国の運営に関連するたいがいのことについて――見解を有する責任があるという広範な決めつけも、ウンコ議論生産の大きな要因である。世界中のあらゆる場所における事象や条件について何らかの見識を有することが、良心的な道徳的行為者としての己の責務であると信じている人物の場合、その人物が抱く見解と、その人物が持つ現実に対する理解度との間には、きわめて薄い結びつきしかなくなることは言を待たぬ。

現代のウンコ議論や屁理屈の拡大にはさらに深い源泉がある。それは各種形態の懐疑論であり、そうした議論は人が客観的現実に信頼できる形でアクセスできることはあり得ないと主張し、したがって物事が本当にどうなのかを知り得る可能性すら否定する。こうした「反現実主義」の教義は、何が真で何が偽かを見極めようとする冷静な努力の価値を損なうものであり、さらには客観的検討という発想がまともなものだという信頼すら薄れさせてしまうのである。こうした信頼喪失のもたらした結果の一つとして、正しさという理想への献身において求められる規律から撤退し、まったく別の誠実さという理想の追求からくる規律に移行しようという動きが見られる。もっぱら共通世界の正確な表象を追求するかわりに、自分自身を正直に表現しようとするのである。そうした輩は、現実には物事の真実として見極めるべき本質がないと思いこんで、自分らしさに忠実たらんとする。いわばそうした輩は、事実に忠実であろうとしても無意味である以上、自分自身に素直たらんとするしかない、と判断したわけである。

しかしながら、その他すべてのものについては決定性があり得ないと想定しておきながら、自分自身だけは何か確固として決まった存在であり、したがって自分については正しい記述や間違った記述が存在すると想像するのは、ばかげたことである。意識ある生き物として、われわれは他の物との対応関係の中でのみ存在しており、したがって他の物を知らずして自分自身のことなど知りようがない。さらに自分自身に関する真実が他のものすべてより理解しやすいなどという、とんでもない判断を支持するような理論はまったくないし、まして経験的にもそんな説は支持されない。自分自身についての事実はあまり確固たるものではないし、また懐疑的な曖昧さによく耐えるものでもない。それどころか人の本性は、実にとらえどころがないほど実体に欠けている――他のどんな物の性質と比べても、悪名高いほど不安定でつかみどころがない。そしてそうである以上、誠実さなんてもの自体がウンコ議論の屁理屈なのである。

＊1　Max Black, *The Prevalence of Humbug* (Ithaca : Cornell University Press, 1985).

＊2　Ibid., p. 143.

＊3　これはノーマン・マルコムが、R・リース編『思い出のウィトゲンシュタイン』（Oxford : Oxford University Press, 1984）p. xiii に寄せた序文で報告されている。

＊4　Fania Pascal, "Wittgenstein : A Personal Memoir," in Rhees, *Recollections*, pp. 28-29.

＊5　本質的な条件として不誠実を含めたことは、屁が意図せずに生み出されることはないという意味合いを持つ。というのも意図せずして不誠実になるのはほとんど不可能に思われるからである。

＊6　これらの行が登場する文脈は以下の通りである。「アルビジョア派の異端、歴史の問題／サラミスの艦隊を作りしは造船所への国庫融資／黙すべき時と語るべき時。／国内では生活水準向上のために決して／だが常に外国では金貸しの理由を増すべく／とレーニン曰く、／そして銃の売り上げはさらなる銃の売り上げを／銃器の市場が飽和

することはなく／満ちることはない／ピサは斜塔建設の23年目にして／ティルが昨日絞首刑／殺人と強姦の罪で拷問に銅山を加え／さらに神話も、とはいえかれはゼウスの羊かなんかだが／よう片輪、聖書にゃ何書いてある？／聖書の書を挙げてみな／言ってみろ、クソぬかしてないで」

＊7　E. Ambler, *Dirty Story* (1967), I. iii. 25. この引用部分は、パウンドからの引用を含むものと同じ項目で引用されている。ウンコ議論とはったりとの近親性は、「ウンコ議論で押し通す」という表現と「はったりで押し通す」という表現の類似性からもうかがえるように思う。

＊8　"Lying," in *Treaties on Various Subjects, in Fathers of the Church*, ed. R. J. Deferrari, vol. 16 (New York, *Fathers of the Church*, 1952), p. 109. 聖アウグスチヌスは、この種の嘘をつくことは、分類の中の他の三つよりは罪として軽く、残り四分類の嘘をつくより

は重い罪であるとしている。

＊9　Ibid., p. 79.

訳者解説

さて本書を手に取られた読者諸賢。

この下衆な訳者めが愚考いたしますに、皆様のうち八、九割の方が数ある書籍の中から本書を選び出されたのは、他ならぬこの題名故にではあるまいか。さらに愚考を重ねるに、その際のご心情は決して快いものではなかったのではなかろうか。汚らしい排泄物を敢えてタイトルに選び、本来は迷える衆生の蒙を啓き教養を与え知的向上をもたらすべき神聖なる書物を扱うはずの書店の店頭を故意に汚すとはいかなる魂胆であろうか、特に人々の崇高なる形而上学的な関心を扱うはずの哲学をめぐる分野に、かくも不潔なる単語を持つ題名の本を紛れ込ませるとは、精神汚染の卑劣なる試みでなくしてなんであろうか、さらには感じやすい青少年婦女子を含む多くの人々の目に容易にふれる店頭に、このような悪ふざけの名にすら値しない低俗きわまる題名を含む書物を並べさせんと画策するとは、我が国の知的水準および情操水準を低下させようとする、某国による文化破壊の陰謀の一端ではなかろうか。多くの方はこうした疑問を憤怒と共に抱かれ、そうした我が国文化の根幹を揺るがしかねぬ汚物を迅速に店頭から除去せんとする崇高なる使命感にかられて本書を手に取られたのではないか。さらに、不幸にして訳者めのこれまでの活動を知る方であれば、これはあの札付きの訳者のみが行い得る受けねらいのスタンドプレーにちがいなく、本来の崇高なる著者の意図をあえてねじまげんとする低劣なるたくらみにちがいないともお考えになるのではないか。訳者めはかように推測するものである。

しかしながらそうしたご判断はまったくもって賢明であり筋の通った無理からぬものとはいえ、必ずしも真相をうがったものとは言いかねるのではないか。というのも本書は Harry G. Frankfurt, On Bullshit (Princeton University Press, 2005) なる書物の全訳なのである。さてもちろんご承知の通り、Bullshit(特にその後半部分)は英語圏における一部の高尚なる媒体においては表記もはばかられる卑語である。余談ながら、このため本書の英語圏における書評は涙ぐましい努力を重ねたものが多々見られ、さながらほのめかしと目配せと言い換えの見本帳とも言うべき様相を呈しているのはなかなかに片腹痛き壮観と申すべきであろうか。そうした単語をフランクファート教授は敢えて書物の顔とも言うべきタイトルに採用し、それによってご自身の著作一覧をある意味で汚すような選択を行ったわけである。すでにその地位を確固たるものとしている高名な哲学者が、なぜそのような自虐的な行動に出たのか——本書の題名はそうした観点から検討される必要があり、また同時に邦題もそうした知識を元に評価をお願いしなくてはならぬものである。

だが、という論者もおられよう。bullshit は確かに直訳すればウシの排泄物、厳密には雄牛の固形排泄物である。したがってそれを本書の邦題のごとくに訳すことも必ずしも誤りであるとは言えぬかもしれない。しかしながら bullshit は英語圏では比較的定着した慣用句であり、それを逐語的にウンコ議論とするのはいかがなものか。日本語ではウンコ議論なる用語は必ずしも定着しているとは言い難いのではないか?

これは確かに一理はある。ウンコ議論なる日本語が英語の bullshit ほど常用されているかといえば、おそらくはちがうであろう。しかし原題の持つ、一部では放送・出版禁止にもなるほどの強い卑語が持つ迫力を再現するためには、まったく同じインパクトを持つ表現がない日本語において多少は不自然な処理をほどこすことは免れ得なかった点、ご理解いただきたい。また文中に、「ウンコ議論」に加えてしばしば「屁理屈」の一語を追加したのは、一つにはそうした少し常用度の低い用語の違和感を相殺すべく、類似の意味を持ちつつインパクトは低いが一般性は高い用語を並べることで苦境を乗り切ろうとした苦渋の策ではある。この点はご寛容をいただきたく伏してお願いするものである。

しかし同時に、著者の名前はこれをある意味で正当化するものであるともいえよう。Frankfurt という、ふつうにフランクフルトとでも表記すればいい著者の姓が、我が国においてはなぜかフランクファートなるなじみのない表記が慣例となっている。何故フルトではなくファートなのか? そうなった経緯についての知識は、この訳者が持ち合わせるものではない。比較的もちろん英語に堪能な読者諸賢におかれては、ファートというのが英語においてはまさに屁を意味することに即座に気づき[*1]、ここから「屁理屈」なる一語の導入について、天啓ともいうべき運命を感じ取られることであろう。

さてその著者の指摘を待つまでもなく、世の中にはウンコな議論があふれているのは日々ご存じの通り。はぐらかし、ごまかし、その場しのぎの口から出任せ。我が国の（二〇〇五年時点の）首相がそうした議論の天才であることは論を待たない。そして、そのウンコ議論自体がなにやら自立して存在してしまうという、その存在様式の点でも小泉純一郎首相は傑出した存在である。「人生いろいろ」という、どんな質問に対してであれ、何の答にもなっていないような答弁でその場を乗り切ってしまう力はあきれるほど。そしてその「人生いろいろ」がそれ自体として一人歩きできる力を持つという驚くべき現象（これが一体どんな質問に対しての答だったのか、もはや記憶している人は少ない）。こうしたウンコ議論力とも言うべき力についての理解を深めることは、現代日本において非常に意義深いことであろうと思われる。また、海の彼方の米国においても、イラク侵略の不首尾に対するラムズフェルド長官のウンコ議論的弁明（世の中には既知の既知があり、既知の未知があり、未知があり云々)は大いなる人気を博した。ウンコ議論のありよう、そしてそれが持つ力に関する研究がこの時期に登場したのは、ある意味でまさに時代の必然といえよう。

本稿においては、この意義深い研究を行った著者の哲学、そして本書誕生の背景について概略を述べる。非力ながら本書理解の一助となれば幸いである。

著者について

著者フランクファートは、道徳哲学の分野では知らぬ者のない重鎮である(とはいえ、もともとマイナーな哲学の中のさらに小さな道徳哲学なんてもの自体を知らぬ者はいくらでもいる、というのはここでは内緒だ)。そんな重鎮の思想の解説は、本来であればいささかこの訳者の手にはあまる。しかしその一方でフランクファートの著書は、単発の論文はさておき、単著が訳出されるのは(嘆かわしいことに)今回が初めてである。成り行き上、フランクファートの哲学について若干の解説を試みるのも、僭越とはいえ訳者の務めであろう。だいたいこの訳者は元来が僭越な人間なのである。なに、今後フランクファートの主著が翻訳されることになれば、訂正の機会はいくらもあるはずだ。

ハリー・G・フランクファートは、すでに述べたとおり一般には道徳哲学の重鎮とされている。出自や氏素性その他は余人の関知するところではないが、現在プリンストン大学の教授である。昔からなんにでも興味があったため、一番制約の少ない、どんなことでも対象にできる学問分野に進みたいと考えており、その結果としてどんなことについても考察できる哲学に進んだ、とはご当人の言である。これを聞いた瞬間、フランクファートの思考様式は常人離れしていて必ずしも理解しやすくないかも、という危惧を抱くのは人情であろう。あれもやりたい、これもやりたいと考えて、なるべく選択肢を捨てずにすむような道に進みたがるのは、ありがちな発想であろう。しかし、そのようなつぶしの効く進路を考えた結果として、この世で一番つぶしの効かない分野である哲学なんぞを選ぶとはこれいかに？　考察するだけなら、別に「哲学者」などにならずとも十分に可能なのでは？　だが一方で、こうした微妙な倒錯を抱えた人物でもなければ、そもそも哲学者になろうなどとは思わない可能性はある。

とはいえフランクファートの議論自体は、わかりにくいものではない。かれの議論は通常は、少なくともその記述の様式においては比較的平易であり(もちろん哲学などというものが平易になり得る限りにおいてではあるが)、あまり異様な業界固有の専門用語や博覧強記的な系譜のおさらいに終始してはいない。さらに扱うテーマも一部で見られる重箱の隅つつきじみた、世界で興味を抱く人物が五人以上いるとは思えない面妖な代物ではなく、一般人が日常的に考えるような重要概念を扱う。さらにその議論も、なにやら概念を恣意的に定義しなおすことで問題を骨抜きにするとか、ごく特殊な例をことさら大仰に採り上げてそれを野放図に一般化するとか、あるいは凡庸な発想に珍奇な名前をつけて人を幻惑し、当たり前のことを言い直して悦にいるような小手先の小賢しい論法はとらず、日常的な概念定義から、平易な用語と論法によって一般性のある形で展開されたものとなっている

（もちろん哲学などというものが一般性を持ちうる限りにおいての話ではあるが）。一九六〇年代にデカルト研究から哲学に手を染めたフランクファートは、神の全能性といった問題に関心を移し、やがて道徳的責任や自律性の問題を扱うようになり、この分野で大きな貢献をしている。

ある行動について人に道徳的責任があるとはいかなる意味か？　人の自律性とはどういうものだろうか？　一般には、選択肢が複数あってその中からその人物が自由に選んだ場合にのみ道徳的責任が発生すると考えられている。他に手段がなかったら、何かをやっても道徳的な責任はない。実際問題として「やむを得なかった」「他にどうしようもなかった」といった場合には、通常は処罰をまぬがれる。相手を殺さなければ自分が殺される、という場合には、殺人罪には問われなめい（場合もある）。洗脳や催眠術下にあったり、脳にリモコンを埋め込まれたりして、外部からの司令通りにしか行動できない人の行動には、道徳的責任はない。善行も悪行も可能、さてどっちにしようかな、という選択の部分に道徳的な判断が介入する。地震で家が倒壊して人が死んだ――かつてはそれは道徳的な責任問題にはならなかった。でも家を耐震構造にする技術があり（あるいはいずれ、地震そのものを回避する技術ができた場合でもいい）、死を防ぐ行動をとり得たなら、そのとき初めて道徳的責任を云々する余地ができる……そうではないか？　しかし、フランクファートは必ずしもそうではないことを示した。

どういうことか？　たとえば、嘘をつくことはよくないことだと心底信じている人を考えよう。この人はどんな状況にあっても――脅迫されても金を積まれても——嘘をつくことが一切できない。嘘をつこうかつくまいか、いろいろ計算の結果として本当のことを言おうと判断するのではない。とにかくほとんど生理的に嘘がつけない。別に頭が悪いわけではない。ここは絶対に嘘をついたほうが人命が救われるとかいった状況は十分に判断できる。だが、それでも手が震え、舌が凍りついて嘘がつけない。さて、この人は他に選択の余地がないから道徳的責任がないと言うべきか？　テープレコーダのように、本当のことを言う以外の選択肢がない、自律性のない存在だと言えるか？

そうではない、というのがフランクファートの議論である。この人の場合、嘘がつけないこと、嘘をつくという選択肢を持たないことこそが道徳的責任の存在を示す。この人は、ある時点で嘘をつくべきではないという選択を行い、自分自身を嘘がつけない状態へと追い込んでいった。選択肢がないということ、どんな合理的な計算結果があっても、一つの選択しかとれないということ、それこそがこの人物の道徳的判断の賜物なのであり、まさにその人物が自分を律していることを示すものである。したがって複数の選択肢がなければ道徳的責任がないという考え方はまちがいであり、選択肢がないことこそその人物の自律性なのである、とフランクファートは論じた。[*2]

さてこの意見に合意いただけるかはわからない。そもそもそこで「選択肢がない」ということ自体、かなり苦しい議論なのではないか？　さらにそうした人物は単なる融通の利かない馬鹿であり、他の道徳性とのバランスを見失っただけだという議論は十分に成立するのではないか。しかしながら、フランクファート的な考え方も成り立つ余地は確かにある。どんな脅しにも屈しない強い信仰や信念を抱いた人物は、たぶんその信仰や信念について道徳的な責任を喜んで引き受けるだろう。逆にあらゆる場面で融通無碍にどんな選択でもできるのが自律性か？　それはただの無定見な日和見であり、なんでも損得勘定に従って選択するなどというのは、まさに損得勘定に操られた自律性の欠如ではないか。

自由意志をめぐるこの問題は、ここだけで論じきれるものではない。そもそもある立場に自分を追い込むこと自体がある種の長期的な損得勘定に基づいた行動ではないのか？　これを進化論的な発想と整合性のある形でまとめたのが拙訳によるデネット『自由は進化する』（NTT出版）であり、そこでもフランクファートの議論に多少の言及が見られる。

さて、こうした議論を経て、最近のフランクファートは実用的な規範性の問題を扱うようになっている。要は、「人はいかに生きるべきか」という問題に正面から応えようというわけである。これに対する答はいろいろあるわけだが、この問題に対する哲学分野からの（一つの）答が道徳である。道徳というのは、まさに人がどう生きるべきかという議論に他ならない。が、フランクファートはこれまでの道徳というものが、実用的な規範をきちんと提供してくれない、と論じる。

なぜかといえば、これまでの道徳は一般性や普遍性を重視してきたため、不偏不党の大原則をふりかざすような話になりがちだったからだ。だが、「人はいかに生きるべきか」という問題を人々（たとえば不肖の訳者や読者諸賢）が実際に考える状況というのは、そうした一般性や普遍性では片付かない、きわめて個人的で個別性の強い問題に直面したときだ。人は普通にゴミを出したり顔を洗ったりするときに

「人はいかに生きるべきか」なんてことを考えたりはしない。こんな話が問題になるのは、その人が何かジレンマ——大きな道徳的な原則と、家族や友人への配慮との板挟みなど——に直面したときしかない。そこで原則を改めて唱えたところで、なんの助けにもならない。そんな道徳は実用的な規範の問題には十分に応えられない。合理性に基づいて矛盾のない体系を作り上げることで、人や社会にとって望ましい合理的な規範ができるという発想を、フランクファートは否定する。

では、そうした規範を与えてくれるのは一体何なのか？　フランクファートは意志だと述べる。意志というのは、ここでは欲望や願望と同じだ。もちろん食欲や性欲その他の欲望は人間以外の動物にも（たぶん）ある。だがフランクファートに言わせれば、人間にとって重要なのは、その次の段階なのだ。人はどんな欲望を持ちたいかという欲望を持つ。人間は、人を殺したり物を盗んだりすることもある。だが、人を殺したい、盗みたいと思ってしまう自分を恥じたりする。自分がそういうことを望む人間になりたくないと思う。それが人間の特色であり、その欲望についての欲望または意志こそが、人のアイデンティティ――その人が何者であるか――を規定する、と彼は述べる。

フランクファートはこれを二次的な欲望と呼んでいる。欲望についての欲望だから、人によってはメタ欲望とでも呼びたくなるかもしれない。そしてこの二次的な欲望の発想が、フランクファートの議論の中心となる。

たとえば道徳的責任の話で見よう。この解説を締め切りに間に合うように書いて約束を果たしたい、という欲望がこの訳者には一応あり、その一方で怠けてゴロゴロしていたいという欲望もある。このとき、前者の欲望に従うような人間でありたいという二次的欲望を持つことが道徳的責任の議論では重要だ。もちろん、約束を守りたいと思いつつ、ついつい怠けてしまう人は（この訳者を含め）たくさんいる。しかしそれは道徳的責任において、約束を守りたいと思っていない人間とは扱いがちがう。

さらに意志の自由（これが自由意志と同じか、というのは微妙なところではある）。自分のやりたい通りに行動できるのが、行動の自由である。同様に、意志の自由というのは自分の持ちたい意志（つまり二次的欲望通りの意志）を持てるということだ。自分の持ちたい意志が持て、自分の取りたい行動が取れる人間こそが最大限の自由を持っている。そしてこの意味で、さっき挙げた絶対に嘘がつけない人は、嘘をつく人間でありたくないという二次的な欲望に忠実に従えている以上、自由意志に従っていることになる。

もちろん読者諸賢は当然ここで、二次的欲望についての欲望、さらにその上の欲望、と無限後退が可能であることに気がつくだろう。さて困った、これではいつまでたっても根っこにたどり着かない。では、最終的にどう生きるべきかを決めるのは何か？　それは……何かを大事に思うという気持ちだ、とフランクファートは論じる。それを愛と呼んでもいいだろう。愛、というと日本語ではロマンチックな連想が強いが、ここで言われているのはそういうものではなく、昔キリスト教の宣教師が「お大切」と訳したような、何かを気にかける感情全般だ。何かを大切だと思うのは、必ずしも理由があるわけではない（別にあってもかまわないが）。そしてそれ自体はコントロールできない。

何かを大切に思うなら、それを保存繁栄させるためには自分がどういう欲望を抱かなくてはならないかは自然に決まってきてしまう。つまり愛にこそ、実用的な規範性の源泉があるのだ、とフランクファートは論じている。[*3] まちがったものを愛してしまうことはある（たとえば放火大好きとか幼女性愛大好きとか）。その場合、そうした愛と他の愛（たとえば社会的な受容への愛）とが争うことになるが、それもまた内発的な理由同士でどう白黒をつけるかという話になるのであり、外部の規範があるからそういう欲望はまちがっている、ということにはならない。

そしてそれを認めたとき、人はもう、なぜ自分はこうすべきなのかとか、ああすることは正しいのか、といったことを考える必要がなくなる。別に外部に何か規範や原則があるから何かをすべきなのではない。好きになったらしょうがないではないか。何かが大切だと思うのは止められないではないか。それを外部の理由づけであれこれ左右しようとするから哲学は迷い、不毛に陥ってしまうのではないか。すべては自分の中から発するのだ、ということを認めようではないか！

たとえば放火魔に対し、放火は××原理から演繹してよろしくないことになるのだ、と説いても仕方ない。××原理なんざ知らねえよと言われればそれっきりだ。でも、放火魔にも、社会的に受容されたいという願いもある。放火魔のやるべきことは、放火への愛と、それとはたぶん相容れない社会受容への愛とを比べて、どっちが自分にとって重要なのか、自分はどっちを取るのか、と考えることなのである！

もちろん……これの有効性は疑問ではある。その放火魔がそうした考察のあげくに、おれは放火のほうが好きだぁと決めてしまったら？

哲学的にはそれで結構なのかもしれないが、社会的にはいい迷惑である。またこの議論自体について、それがどうした、という疑問は当然抱かれるべきであろう。フランクファートのような考え方はあるだろうし、それはそれで結構。でも一方で、それはフランクファートがそう思っているだけであって、別に証明も何もしようがない。さらに、それが仮に証明されたとしても、それになんの意味があるのか？　そんなことは哲学者があれこれ言うまでもなくみんな自然にやっていることではないのか。それもまさにその通り。だが一部の人はこうした発想に救いを見いだすかもしれない。自分の行動の根拠を何か外部の基準に求めようとし、整合を取ろうとする無駄な努力から解放され、迷いを抜け出して真に意味のある内省に向かえることになるかもしれない。この評価については、読者諸賢それぞれの手にゆだねるしかあるまい。さらに、こうした議論が哲学の分野においては新しい視野を開くものであったことは言うまでもないが、その背景までの解説となると、与えられた紙数で可能な範囲を超えてしまう。

しかしながら、フランクファートのこの議論はある意味で、手すさびに書かれた（そうしたものは意外と本音が出やすいものだ）本書とは、奇妙な緊張関係を取り結ぶことになる。次節では本書の概略を検討し、それがフランクファートの哲学にとって持つ（かもしれない）意義を見よう。

本書のなりたち

愛、人はいかに生きるべきか――そうした実に高尚な話題から、突如としてウンコだ屁だといったお下劣な話題に移行しなくてはならないのは甚だ不本意ではあるものの、本書はそういう本なので、そうした話題は不幸にして不可避である。読者の皆様におかれてはご寛容たまわりたい。さて、フランクファートはなぜこのような、赤面ものの題名を持つ本を書いたのであろうか。また本書はフランクファートの思想の中にどう位置づくのであろうか?

賢明なる読者の皆様はすでに本文をお読みであろうと愚考する。もしお読みでないのであれば、この長ったらしい解説を読む暇があるなら先に本文をお読みなさいと忠告しておく。さらに、かくも短いオチをばらすような野暮な真似はするまい。ただし、本書が書かれた真の動機は、純粋に学問的興味からウンコ議論や屁理屈の分析を提示することでは必ずしもなかった、とだけは申し上げておこう。そして実は当のフランクファート教授も、元来は本文書がこのような形で出回ることを必ずしも想定はしていなかったとされる。本書の元となる文章が実際に執筆されたのははるか昔、一九七〇年代だったとのこと。[*4] 当時、世界には――いやことに、フランクファートの暮らす哲学の世界には、と申し上げるほうが正確だろうか――目を覆いたくなるようなウンコ議論や屁理屈が猖獗をきわめていたのであった。

それは、六〇年代後半から七〇年代にかけて世界中を覆った、社会主義学生運動に伴う反知性主義の流れ、そしてそれに前後する悪しき文化相対主義の流れである。

反知性主義は、必ずしも目新しいものではない。知識の追求は果てがない。さらに一人の人間にできることには限りがある。己の関心ある問題を追いかけるうちに気がつくといつの間にやらタコツボに陥って、「しかしこんなことをやっていて何の意味があるのか」と思ったことのない人はまれであろう。また中学高校生も受験勉強で因数分解の問題を解いたり歴史の年号を暗記したりするうちにそうした思いにとらわれがちである。そうした人々は、自分の関心、あるいは目先の課題とは無縁の生活を送っている人々や動物が、のびやかに明るく生きている(ように見える)のを見て深い憂鬱にとらわれてしまう。

これらの発想は決して無価値なものではない。単に青臭くて退屈なだけである。さらに無価値ではないとはいえ、一方では威張るほどの価値も持ってはいない。ちょっとしたボタンのかけちがえ程度のものである。残念ながらこれをきちんと指摘できる人はなかなかいないのはいかなる理由であろうか。朝永振一郎はかつて我が母校で講演をした折に質問を受けたという。分子、原子、素粒子(当時はまだクォークまでは行っていなかった）という具合に物質はどこまでも細かく分割できてしまい、結局いつまでたっても科学には終わりがないのではないか、そんな学問は空しいのではないか？　この青臭い厭世観にとらわれたマセガキ高校生の質問に対して朝永は、いやいや終わりは必ずある、なぜならいずれ地球が滅びるだろうし、それより先に人間がどっかで飽きるからだ、ということに明解で快活な回答を行った。学問は別に、究極の真理に到達するとかいったくだらん使命感でやるんじゃない、おもしろいからやるんだよ、飽きたらやめればいいんだよ、という当然の話をあっさり楽しく返せた朝永は偉かったのだ。一方の中高生のお勉強の悩みについて言うなら、それが単に愚痴とさぼる口実にすぎぬのは明らかであるので、小遣い削減、携帯電話没収や各種体罰等の威厳ある手段をもって高圧的に矯正すればよろしい。だが世の中にはそうした愚痴にいちいち耳を傾けてガキの思い上がりを煽っては、それをしたり顔で論評して小銭を稼ごうとする卑しい人種が多数存在しているのは嘆かわしいことではある。

一方で古来より、愚者の知恵という考え方がある。狭いタコツボに入りこみがちな小賢しい知恵よりも、枠にとらわれず余計な計算に縛られることもない愚者のほうが時に本質を突いた鋭い見方を提供できる、という発想である。たとえばエラスムス『痴愚神礼讃』、あるいはホルスト・ガイヤー『馬鹿について』の一部などにはこうした考え方がよく表れている。これまた決して間違ってはいない。しかしながらごくたまに愚者の知恵という現象が見られるからといって、すべての愚者が常にそうした知恵を持ち合わせているわけではない。知恵のある愚者よりは、単なるはた迷惑な小賢しい馬鹿のほうが遥かに多いのである。本当の愚者は、愚者の知恵などというお題目を必要としない。そうした発想を必要とするのは、たまに視点を変えたり基本に立ち返ったりする必要を持つ、多少なりとも知識探求に与する人々のみなのであり、かれらが陥りがちな傲慢さや視野狭窄に対する戒めとしてのみ意味を持つ。それを理解せずに特殊な例を一般化し、どんな馬鹿でもかまわず拝み、それどころか他人の知識の探求を邪魔しようとする連中はまさにその有害無益な小賢しい馬鹿であり他人の楽しみを邪魔して喜ぶ無粋で低劣な寄生虫どもである。

これまでの文化の多くは、こうした小賢しく低俗な寄生虫をたまに輩出せしめつつも（それは統計的に一定の確率で発生するものでありやむを得ぬ）、そうした輩を適度につまはじきにしてはからかって遊ぶ知恵を持ち合わせていた。もちろん妙な虚無主義がはびこることもあったが、しょせんは一時のあだ花であり、主流となるには到らなかった。しかしながらそれが青臭い社会主義と結びついたとき、話はわけがわからなくなってきた。青臭い学生社会主義においては、学問などというのはブルジョワのお遊びにすぎず、資本家に奉仕するだけの権力の道具でしかない。えらいのは労働者であり、直接労働に貢献しないものはすべて排除されるべきであり、したがって知性は有害なのでインテリは下放して農作業や工場労働に従事させて矯正せねばならない、というわけである。こうした社会運動と結びついてしまったために、反知性主義は不幸なことになにやら社会正義や道徳と結びついて我が物顔にのさばるようになる。

ちなみに、当時フランスに留学していたカンボジアの学生たちは、パリの学生運動家たちに、熱気だけはあるが知性と現実性に欠けた青臭い机上の内ゲバ社会主義理論をしこまれ、そしてそれを故国に持ち帰ってそのまま実践し、クメール・ルージュの大虐殺を引き起こすこととなったのである。[*5]が、もちろんフランクファートが本書の原型を執筆した頃には、そんなことは知るよしもない。

この動きはもちろんアメリカにも入り込み、安易なヒッピー運動や神秘主義ブームやドラッグ文化などの悪しき影響とあいまって各地の大学を襲っていた。

同時にそれと半ば独立し、半ば手を組む形で愚鈍な文化相対主義が幅をきかせるようになる。文化相対主義にもいろいろ流派はあるが、どれもまあ物の見方にはいろいろあるという程度のことを難しく言い換えただけの話ではあったりする。もちろん、これにはそれなりの意味はあった。文化人類学的な知見が深まるにつれて、かつては無知文盲の迷信深いドジンとしか思われていなかった人々が実は重要で興味深い文化を持っており、そしてかれらの伝承や習慣もそれなりの合理性を持っていたり、西洋科学がきちんと扱っていない現象を驚くほど正確に記録、解釈している場合が見つかったりすることで、西洋文明だけが正しいような思い上がりはよろしくない、という発想が普及してきた。各種の文化はそれなりに整合性のある世界観を持っており、それは十分尊重に値するものである。西洋文明だけが絶対的に正しいのではない。これは意味のある発想だった。これは愚鈍でない、賢明な文化相対主義である。

しかしながら……その延長で出てきたのが、文化はどれも同じ価値を持つ、あるいはすべての文化的な知見や物言いが同じくらい正しい、という愚鈍な文化相対主義である。雷の被害を避けるのに、避雷針をたてるのと雷神様に生け贄を捧げるのとが同じくらい効果があるとか、病気を治すのに薬を処方するのと呪術師が祈禱をするのとで効果がまったく変わらないとか、その手の世迷いごとを真顔で言い立てる馬鹿がウンカのごとくにわいてきたのである。いやそれどころか、西洋科学は資本家の支配の道具でしかないから劣ったものであり、むしろ魔術や土着信仰の迷信のほうがエライなどという話も平気で登場するようになってきた。

それと同時に、生半可な知恵をつけた連中も出てきた。不確定性原理をたてに、しょせんあらゆる現象は観察者次第なのであり、客観的な事実などというものはない、それを前提にした西洋科学はまちがっているとか、不完全性定理をもとに西洋科学だって不完全でありでかいツラはできない、といった情けないことを得意げに唱える輩も登場してきた。これが文化相対主義や反知性主義とどう手を組むかは容易に理解できよう。魔術も科学も見方のちがいでしかなく、すべては観察者次第である――したがって観察者次第でどうにでもなる外部世界を云々するより、観察者――つまりはご当人――についてあれこれ素直に書き連ねたほうが有益ではないか？　一時は、哲学や文芸批評その他の多くの分野で、この手のアホダラ経が大いに幅をきかせていたりしたのである。

さて、こうした話がいったい本書とどういう関わりがあるのか？　それを述べるのは、この説の冒頭で述べたオチを暴露する行為に相当するため、ここでは控える。しかしながら、もちろん読者諸賢の鋭い知性を持ってすれば、こうした時代背景の中でなぜ本書のような文書が（しかも匿名で）書かれたか、そしてそれがアングラ怪文書として人気を博したかは容易に理解できよう。さらに今になって、なぜフランクファートがこれを本名で発表してもいいと考えたか、さらになぜいま意外な売れ行きを（この訳書はいざ知らず、原書は）示しているのかも多少は想像がつくのではないか。現在は、いま説明したような文化相対主義やら反知性主義やらはかなり下火になってきており、公然と馬鹿にできるようになってきているのである。

ただしその一方で、本書の記述と前節におけるフランクファートの哲学の内容を考えたとき、そこには奇妙な関係が見られる。フランクファートは、実用的な規範の源泉を最終的には個人の愛＝大切に思う気持ちに求めた。それは説明しようがないものであり、その個人の趣味としかいいようがない。さてそれが規範の根拠となるなら、これはフランクファートが最後に批判している、自分に対する誠実さを称揚する発想とどれほどちがっているのであろうか？　確かに自分についてのことはそう簡単にわかるものではない。しかし、それなくしてフランクファートの（前節で解説したような）哲学は成立しえないのではないだろうか。これまた読者諸賢の検討に委ねるとしようではないか。

ウンコ議論の効用と対応について

さて、本書においてはウンコ議論についての様々な見解が提示されてはいるものの、それについての評価は一応留保されている。いいとか悪いとか、それが猖獗を極めているのはけしからん、世も末である、近頃の若いもんは、これもすべてゲーム脳のせいであるといった年寄りじみた説教は、明示的には一切行われてはいない。

しかしながら、暗示的には行われていることは火を見るよりも明らかであろう。ウンコ議論や屁理屈はどう見てもよいものとはされていない。嘘に比肩するかそれよりちょっとましな程度、あるいは見方によっては、嘘よりも遥かに悪いものとすら考え得ることが示されており、決して肯定的な評価がされているわけではない。むしろ記述ぶりから見る限り、フランクファート的には嘘より悪いという評価に軍配をあげているような印象さえある。一般的に「あんたの言ってることはウンコですな」と言われて、自分が貰められていると思う御仁はいない。それが決して望ましいものとは言えず、できれば避けるべきものという前提があればこそ、その正体を明らかにし、そうしたものがなぜかくも普及しているかを検討しようという動機が生じるのである。

本書の議論の中心は、ウンコ議論や屁な理屈の正体の同定、あるいはその概念領域の確定を目的としたものである。その議論自体は、ことさら批判されるべき点は見あたらない。現在英語で bullshit という、ここで詳細に検討されているような意味よりはむしろ単に「出鱈目」という意味で使われることがあまりに多く（本文中で言う罵倒語としての使用である）、検討されている意味合いがむしろ特殊な用法にすら思えるようになっている、という問題はあるが、それは歴史的文書においてはやむを得ぬ事態ではある。だが一方で、この用語の普及理由についての考察は非常に限られたものとなっている。小論文一つ、特に匿名の怪文書一つですべてを論じ尽くすわけにはいかない以上、これ自体は仕方ないことではある。しかしながら、だからと言ってそれ以上の考察ができないということにはならない。いやむしろ、その限られた議論を元に、さらに考察を深めることこそが極めて有益で望ましい行動であり、まさに哲学の本道をゆくものとして、我々読者に託された使命であるとすら言えよう。訳者も及ばずながら、この興味深いテーマを巡る考察の進展にいささかなりとも貢献を試みるものである。

フランクファートの提示しているウンコ議論普及要因とはいかなるものであろうか。かれの仮説は、それがその普及について社会的な環境の変化に対するやむを得ない適応行動なのではないかというものである。知らないことについて意見を求められる状況が増え、さらに市民意識の歪んだ浸透のせいで、そうした意見を求められた際にあっさり「知らない」「意見はない」と言うことが恥ずべき事とされるような暗黙の風潮が広がっているために、人々はやむを得ずその場しのぎでウンコ議論や屁理屈を大量にばらまくようになったというのである。

この議論は確かにそれなりに的を射ている。かんべむさしの名作『水素製造法』[*6]においては、試験において水素の製造法を尋ねられた学生が、持ち込みを許可された国語辞典の記述を元に苦し紛れにとんでもないウンコ議論と屁理屈を展開する様子が延々と記述され、実に愉快である。そうしたやむを得ぬ事態はだれしも経験するものである。たとえば我が国の新聞を見れば、経済学のイロハも知らぬとおぼしき論説委員とやらが、単に紙面を埋めねばならぬというだけの理由で、したり顔であれこれピント外れな経済談義を展開している。あるいは我が国の重要官庁の一部大臣は、己が素人で無知であると公言して恬淡として恥じるところがなかった。当然ながら、かれらがその役職において口走ることのすべてはウンコ議論のかたまりであった。したがってフランクファート的な分析は十分に正当なものである。

が、必ずしも十分とは思えない。というのも、別に何かを言わざるを得ない状況に追い込まれていないのに、進んでウンコ議論や屁理屈を嬉々として繰り出す輩がこの世にはたくさんいるからである。それは新聞の投書欄、あるいは最近ではインターネットの掲示板などを見れば明らかであろう。別にかれらに対しては、社会的な圧力があるわけではない。にもかかわらず、こうした媒体の参加者は自主的にウンコ議論をいまこの瞬間にも量産し続けているのである。これを見たとき、ウンコ議論や屁理屈にはその場しのぎという以上の積極的な効用があるのではないか、という仮説が持ち上がる。

訳者は職業柄、途上国に長期間滞在することが多いのであるが、その際に往々にして道に迷い、路上で人に道をきくはめになる。すると、まったくのデタラメを教えられることがしばしばある。これは決して訳者が人並み以上に凶悪ないしまぬけな面相であるために人々が故意に意地悪をしているのではない、らしい。類似の経験を持つ人は数多くいる。これらの現地の人々は、聞かれた道を本当に知らなかったのである。しかしながらどうやら多くの文化においては、道をきかれて知らないと答えることこそ失礼であり、デタラメであっても答えるほうが親切で礼儀正しいことだったりする。さらには、よそ者に対して自分の無知を認めるなどということは、面子《メンツ》が許さないという文化もしばしば存在する。結果として我々西洋化された文化圏の人々は、得体の知れない場所に向かわされてさらに彷徨う羽目となり、知らないなら知らないと言えばいいのに、変な情報をよこすからかえって時間が無駄になっちまったよ、と一様に舌打ちをすることになるのである。

さて、この人々の発言は、我々にしてみれば紛うかたなきウンコ議論である。真実を一顧だにせぬ、その場しのぎの戯れ言でしかない。まさにフランクファートの定義したウンコ議論にぴったりと当てはまる。しかしそれは、こうした文化においては人間関係における何らかの役割を果たしているようではある。こうした目にしばしば出会うと、道をきくときには必ず複数の人の意見をきく習慣が自然と身につく。すなわち、ウンコ議論の存在を前提とすることで、複数の見解をきくという民主的な意志決定につながる行動が人々に浸透する、とは言えまいか。つまりウンコ議論は民主主義を発展させる効用があるのではなかろうか？[*7] あるいは、多少の土地勘がある地元民であれば、大幅な出鱈目に騙されることはないであろう。あさっての方向を告げられて鵜呑みにするのはよそ者だけである。つまりウンコ議論とは、よそ者判定のツール、あるいはよそ者に余計なコスト負担を強いてコミュニティ内部の人々を相対的に有利にする一種の非関税障壁的な効用を果たしているともいえまいか？

こうした点については、本書においては十分な考察が展開されているとは言い難い。逆に、これはこの分野における今後の大きな可能性の広がりを示唆するものではある。

同時に本書で扱われていない議論は、ウンコ議論の増大に対して我々がいかに対応すべきか、ということである。本書冒頭部の記述を見ると、ウンコ議論は選別して聞き流すべきものである、という暗黙の前提が置かれている。ウンコ議論はコミュニケーションの零度であり、そこには何の情報も含まれていない、情報の有無さえ気にかけられていない、というのがフランクファートの議論である。

しかしながら、人は決してウンコ議論や屁理屈そのものと、それを引き起こすに到った各種の情報とを完全に切り離すことはできないのである。なぜならウンコ議論の真骨頂とは、本題をはぐらかしつつも、関係あるとぎりぎり強弁できるところに踏みとどまるあやうさにこそあるのであり、それが明白に関係ない話に転落したら聞く側とてそれ以上耳を貸す理由はなくなってしまう。また人は周辺環境に影響される存在でもある。映画『ユージュアル・サスペクツ』[*8]において、登場人物の一人は取り調べ室の各種の物体——コップ、机の上の新聞、壁のポスター——を次々にネタにして出鱈目なウンコ議論を紡ぎ出す。ウンコ議論自体は真理値に配慮しないかもしれない。しかし訓練を積むことで、そこからそのウンコ議論を生み出した状況や周辺環境等に関する情報を引き出すことは十分可能である。そしてその技能に習熟すれば、ウンコ議論の曖昧さや無意味さを己の利益のために利用することさえ可能となる。いや、そうしなければ世の中が動かないことも理解されるのである。

卑近な例を挙げるなら、不肖この訳者は本書の翻訳作業中に、本業方面において某国の高速道路建設プロジェクトの評価にいささかの貢献を行っていたのであるが、作業末期にその概要についてかの国の担当大臣の前で報告を行う機会を得たのであった。さて、訳者の属するチームは長期的な交通量の予測を行い、それがもたらす料金収入、地域に与えるよい影響などについて詳細なる検討を行い、一方でその建設費や各種付随コストについての見積もりを行ったうえ、プロジェクトの収益性について分析を加え、いささかの提言を行ったのである。結論としては、国の経済にあたえる効用は極めて大きいが、建設費もかなりかかるぞ、作ったほうがいいけど金を集めるのは大変だよ、ということである。

さて、この報告を受けて大臣が言うべきことは何か？　それは自ずと明らかであろう。金がかかりすぎるからできん、それだけ効用があるなら是非やろう、もうちと規模を下げて安くあげられんのか、こういう点は考えたのか、ここの数字は信用できない、ここのところは見慣れない構造になっているが実績はあるのか、等々。だが実際に大臣がおっしゃったのは、おおむね以下のような内容であった。

いやご苦労、高速道路といえば先日視察にいったマレーシアの高速道路はなかなかすばらしいもので、高規格の道路はいいなあと思えたし、またそれが工業地帯と港を結んでいるのが有効で経済的な発展にも貢献しているようだが、沿道に少し貧しい地域もあったようで、あと大きな事故があってなかなか悲惨であったよ、うんうん、あ、次のアポがあるのでこれで失礼するが。

我々は唖然としつつ部屋を出る大臣の背中を眺めていた……というのは嘘である。これはまごうかたなきウンコ議論ではある。しかしながら、数百億円の規模に及ぶプロジェクトについて、その場で大臣一人が勝手に白黒つけるわけにはゆくまい。また訳者の見たところ、大臣は必ずしも財務的な判断基準や経済便益についての十分な知識はなく、それについて何かきちんと指摘するのも困難だったであろう。したがってウンコ議論が返ってくるのはあらかじめ予想できたことであり、だれもまったくオドロキはしなかった。むしろなかなかスムーズなお通じであったなあ、と感心すらしたものである。

そしてかように、この世は実に多くのウンコ議論や屁理屈にまみれておるのであるが、しかしながらウンコ議論や屁理屈を、その通りのウンコとして流し去ることが許されない場合が少なからずあるのである。いま挙げたケースで言えば、我々下々のものは「大臣は予想どおりウンコなことしか言わなかったことであるよ」と言って忘れ去るわけにはゆかぬのである。それでは話がいっこうに進まない。そこで小生は某国の官僚たちとあれこれ目配せをして「経済発展にとって高速道路は欠かせないものであることが改めて確認された」「大臣はマレーシアの例をひきつつこの国における高速道路の重要性を指摘なさった」というような議事録をまとめ、次回の報告では沿道の産業開発や地域住民への裨益、さらに安全面に関する留意事項についての記述をもっと大盛りにいたしましょう。いやあ実に本日は有意義な会議でした、貴国の大臣は実に知見が広く、また視察においても鋭い観察を欠かさない優秀な方でございますなあ、ハッハッハと笑いつつ事務方と握手をかわしてその場を辞した次第である。こうした手法こそが世間を動かす大人の処世術であることは、本書の世知にたけた読者諸賢であれば常識以前であろう。社会において重要な技能の一つは、まさにこうしたウンコ議論を読み、そこから自在に情報を引き出す能力、なのである。

ただし、こうした技能の危険性についても触れておくべきであろう。一部の人はこうした技能に習熟し過ぎるあまり、ウンコ議論が含まれていない——あるいはそれが比較的少ない——文章を読んだときに不安に感じるようになってしまう。それどころか、ストレートな記述をそのまま読む能力を失ってしまう。訳者はこの解説からもわかるとおり、要領を得た明解な記述を得意としている。さて別件で執筆した報告書においても、こうした簡潔な記述を行ったところ、驚いたことに「稚拙である」という評価をちょうだいしたものである。お読みになった顧客は、日頃ウンコ議論まみれの文書に慣れ親しんでいるために、結論を留保なしに単刀直入に述べた文書を読んだときに読み取れるものが少ないと感じてしまったようである。これに対しては、ウンコ議論の含有量を増やしてあれこれ無意味な留保条件をあちこちに挿入することで対処し、無事納品とは相成った。個人的には読みにくくなったとしか思えなかったのではあるが、亭主の好きななんとやら、である。一方で、ウンコ議論のない単刀直入の議論は身も蓋もない議論と言われることが多い。ということは、ウンコ議論は一方で身や蓋であるという理屈になる。ここにはコミュニケーションを左右する要因について、興味深い示唆が含まれているように思えてならない。

おそらくウンコ議論の今後の研究においては、こうした社会的機能への注目、および長期的な人的資源への影響についても考察が加えられる必要があるであろう。この分野は、一九七〇年代にフランクファートが開拓して以降、決して大きな発展を見たとは言い難い。逆にいえば、こうした興味深い可能性がいまに到るまで手つかずで残っている、きわめて魅力的な哲学研究の分野であるとはいえまいか。フランクファートが原著執筆後三〇年もたったいまになってこの著作を自分の名前で発表するに到った一つの理由も、そうした研究機運の高まりを願ってのことではあるまいか。

まとめ

というわけで読者諸賢よ、延々と続いてきた訳者解説もそろそろ終わりに近づいている。申し上げるべきことはあらかた申し上げた。申し上げる必要のないことまで、行きがけの駄賃とばかりにあれこれ詰め込んでしまったのは、ひとえにこの訳者めの不徳およびそれと裏腹の老婆心のなせる業である。願わくば、申し上げる必要性を欠く部分ではあっても、それが単なるウンコ議論や屁理屈に堕さず、多少なりとも中身のある、真実への配慮のあるご託やおためごかしになっていたことを祈りたい。そして本書を読んだことで皆様のウンコ議論や屁理屈に対する認識が一層高まり、結果として本書（およびそれを翻訳した訳者の尽力）が、ささやかなりともこの世を埋め尽くすウンコ議論の海をかきわけて真実にたどりつく羅針盤の役目を果たしてくれることになれば、不肖の訳者としてはこれに勝る喜びはないのである。

二〇〇五年晩夏
アクラにて
山形浩生
〈hiyori13@alum.mit.edu〉

＊1　もちろん本当の知識をお持ちの方はここで何かちがうのではないかと疑問を感じるはずではあるが、それは秘密である。

＊2　Harry Frankfurt, “Alternate Possibilities and Moral Responsibility”. *Journal of Philosophy* LXVI, no. 23, 1969, pp. 829-839.

＊3　Harry Frankfurt, *The Importance of What We Care About*, Cambridge University Press, Cambridge, 1988.

＊4　もちろん一九八五年刊のブラックの著書に言及されていることからもわかる通り、その後加筆訂正は行われている。

＊5　Philip Short, *Pol Pot : The History of a Nightmare*, John Murray, London, 2004.

＊6　かんべむさし『水素製造法』徳間文庫、東京、一九八一年。

＊7　しかし実際にはそうした国々は必ずしも優れた民主主義の実践を行ってはいない。これは未解明の謎であり、今後の研究の進展を期待するものである。

＊8　ブライアン・シンガー監督『ユージュアル・サスペクツ』出演ケヴィン・スペイシー、スティーブン・ボールドウィン、ガブリエル・バーン他、アメリカ、一九九五年。

文庫版へのあとがき

この文庫版は、かつて出た単行本と内容的には何も変わっていない。翻訳もほとんど直すところはなかったし、解説もことさら直してはいない。本書の意義などについては、そちらを参照していただければ幸いだ。

さて本書『ウンコな議論』(On Bullshit)が予想外のベストセラーになったフランクファートだが、ある意味でこれは一発屋的なブームではあった。柳の下のドジョウ狙いで『On なんとか』といった本や、一般にあまりお上品とは思われていない用語についてまじめくさって考察した薄い本はいくつか出たけれど、それが大きな流れとなったわけではない。もちろんこの一冊で何かすごい哲学ブームがくるとはだれも思っていなかったので、これは想定内ではある。フランクファートという哲学者がそれなりに哲学分野以外での知名度を上げたというのが最大の影響だったというのがフェアな評価だろう。

さてそのフランクファートについて、本書が出て以降の動向を少し述べておこう。本書の直後二〇〇六年に、かれは『真実について』(On Truth) という本を書いた。これは、本書『ウンコな議論』の続編とも言うべきものとなる。

本書の基本的な主張は、もちろんウンコな議論はよくないものだ、ということだ。ウンコな議論は、嘘ですらない。嘘は、何らかの誤情報を伝えようとする。真実を知りながら、それをゆがめるということで、真実というものをある程度は認知し、重視している。でもウンコな議論は、誤情報ですらない。ノイズでしかなく、その場しのぎの思いつきでしかない。いやもっとひどい。それは真実に対する認知と敬意すら持たないという点で、嘘よりも悪い。それは真実を薄めて軽視する、とても悪い存在だ。

この議論はもちろん、真実はよいものであり、真実に敬意を払うことは重要だ、というのが前提となる。もちろん、嘘はよくないものだ。そしてフランクファートとしてはそれが当然の前提であり、したがって真実がとてもよい、重要なものだという主張をわざわざ本書で説明しようとはしなかった。

ところがこれに対して、真実なんか存在しない、すべてはその人の見方次第であり、そのときのなにやら「パラダイム」次第で真実は変わるんだ、という一派がいる。この立場からすれば、真実が大事だからウンコな議論はよくない、というフランクファートの議論は、それこそ屁のような主張であり、それ自体がウンコな議論でしかないことになる。そしてまさに、本書に対してそういう批判が一部では展開されたのだそうだ。

こうしたポストモダンと自称する連中（フランクファート自身がそういう言い方をしている）の主張を受けて、フランクファートは改めて、真実というのが大事なものなのだし、それに敬意を払うべきだ、ということを論じた。それが『真実について』だ。

ほとんどの人にとって、真実が重要だというのは当然のことだ。だからこそ、たまにひねくれたポモな人々が真実なんかないと述べたりすると、うろたえたりうまく反論できなかったり、あるいはそれを一笑に付すだけの強さを持てなかったりするし、そこに見栄や物欲しげな願望や陰謀論が加わると、変な真実否定論やら相対主義やら、「事実と真実はちがう」とかいう妄言やらが幅をきかせてしまう。フランクファートは『真実について』で、卵は落とせば割れるとか、橋に重すぎるものが乗ったら壊れるとかいう事実はあるし、確かに程度問題とか価値判断に依存する部分もあるけれど、だからといって全然事実とちがうことが真実だったりすることはあり得ない、というとても基本的な話をする。そしてそこから、哲学的にも真実は重要で、嘘はよくないのだ、というていねいな議論を展開する。それは人が、自分自身のアイデンティティを確立するにあたっても、自分の身の回りについて何が事実／真実で何がそうでないかという認識が基本となるからだ。そしてそれをいい加減にすることで得られるものはない！

フランクファートが『真実について』でちょっと侮蔑的に語る「ポストモダニスト」連中がこの説明で納得するとは思えない。でもたぶん、それ以外の人々にとっては、きわめて納得のいく真実擁護の議論だろう。

そしてさらに、二〇一五年には『不平等論』（On Inequality）というやはり短い本が発表された。これはもちろんピケティ『21世紀の資本』やそれを取り巻く各種の格差議論を受けたもので、格差解消は大事かもしれないけれど、でも平等性それ自体には道徳的な価値はない、と主張した、ちょっと変わった本となる。この本は、この文庫とほぼ同時に邦訳が拙訳で刊行される予定なので、興味ある方はごらんいただければ幸いだ〔二〇一六年九月刊〕。そこでも議論の核にあるのは、人が自分自身について自分なりにきちんと考えること——自分として何を求め、何が必要かを考えること——こそが重要であり、まわりがどうだからとか、だれかと比べて格差があるからとかいう基準を設けるのはよくない、ということだ。さてこの議論に説得力を感じるだろうか?

こうしたフランクファートの本の内容についての賛否はもちろん、人それぞれだ。でもこれらが示しているのは、やっぱり哲学というものが力を持ち得る文脈というのが何か、ということなんじゃないかとは思う。哲学は役に立たない机上の空論の最たるものと一般には思われている。そしてそれを気にしてか、いっしょうけんめい哲学をなにやら時事的な問題とからめて見せようとする苦しい努力もあちこちで見られる。原発事故と哲学とか、ＩｏＴと哲学とかね。そうした努力は決して無意味ではない一方で、往々にしてその時事問題についての勉強不足が露呈して裏目に出る場合も多いように思う。

でも本書のヒットは、真実ってなぜ重要なんですかとか、嘘はなぜいけないいんですかとか、そういう基本的な部分でのストレートな哲学的考察にもそれなりの需要があることを示したんじゃないかとは思う。別にぼくは、哲学者の提灯持ちをする義理はないのだけれど、たまに人々はそうした当たり前に思えることを改めて考えることが必要だ。そのニーズに哲学者が直球勝負で応えることも重要なんじゃないだろうか。本書や、『不平等論』でそうした哲学の役割についても、みなさんが（暇なときに）ちょっと思いをはせていただければと思う。

二〇一六年八月　東京／深圳にて

山形浩生 hiyori13@alum.mit.edu

青色本

L・ウィトゲンシュタイン
大森荘蔵訳

「語の意味とは何か」。端的な問いかけで始まるこのコンパクトな書は、初めて読むウィトゲンシュタインとして最適な一冊。（野矢茂樹）

法の概念〔第3版〕

H・L・A・ハート
長谷部恭男訳

法とは何か。ルールの秩序という観念でこの難問に立ち向かい、法哲学の新たな地平を拓いた名著。批判に応える「後記」を含め、平明な新訳でおくる。

解釈としての社会批判

マイケル・ウォルツァー
大川正彦／川本隆史訳

社会の不正を糺すのに、普遍的な道徳を振りかざすだけでは有効でない。暮らしに根ざしながら同時にラディカルな批判が必要だ。その可能性を探究する。

大衆の反逆

オルテガ・イ・ガセット
神吉敬三訳

二〇世紀の初頭、《大衆》という現象の出現とその功罪を論じながら、自ら進んで困難に立ち向かう《真の貴族》という概念を対置した警世の書。

死にいたる病

S・キルケゴール
桝田啓三郎訳

死にいたる病とは絶望であり、絶望を深く自覚し神の前に自己をすてる。実存的な思索の深まりをデンマーク語原著から訳出し、詳細な注を付す。

ニーチェと悪循環

ピエール・クロソウスキー
兼子正勝訳

永劫回帰の啓示がニーチェに与えたものは、同一性の下に潜在する無数の強度の解放である。二十一世紀にあざやかに蘇る、逸脱のニーチェ論。

世界制作の方法

ネルソン・グッドマン
菅野盾樹訳

世界は「ある」のではなく、「制作」されるのだ。芸術・科学・日常経験・知覚など、幅広い分野で徹底した思索を行ったアメリカ現代哲学の重要著作。

新編 現代の君主

アントニオ・グラムシ
上村忠男編訳

労働運動を組織しイタリア共産党を指導したグラムシ。獄中で綴られたそのテキストから、いま読み直されるべき重要な29篇を選りすぐり注解する。

ハイデッガー『存在と時間』註解

マイケル・ゲルヴェン
長谷川西涯訳

難解をもって知られる『存在と時間』全八三節の思考を、初学者にも一歩一歩追体験させ、高度な内容を読者に確信させ納得させる唯一の註解書。

声と現象
ジャック・デリダ
林好雄 訳
フッサール『論理学研究』の綿密な読解を通して、「脱構築」「痕跡」「差延」「代補」「エクリチュール」など、デリダ思想の中心的〝操作子〟を生み出す。

省察
ルネ・デカルト
山田弘明 訳
徹底した懐疑の積み重ねから、確実な知識を探り世界を証明づける。哲学入門者が最初に読むべき、近代哲学の源泉たる一冊。詳細な解説付新訳。

哲学原理
ルネ・デカルト
山田弘明／吉田健太郎／久保田進一／岩佐宣明 訳・注解
『省察』刊行後、その知のすべてが記された本書は、デカルト形而上学の最終形態といえる。第一部の新訳と解題・詳細な解説を付す決定版。

方法序説
ルネ・デカルト
山田弘明 訳
「私は考える、ゆえに私はある」。近代以降すべての哲学は、この言葉で始まった。世界中で最も読まれている哲学書の完訳。平明な徹底解説付。

公衆とその諸問題
ジョン・デューイ
阿部齊 訳
大衆社会の到来とともに公共性の成立基盤は衰退した。民主主義は再建可能か？　プラグマティズムの代表的思想家がこの難問を考究する。（宇野重規）

旧体制と大革命
A・ド・トクヴィル
小山勉 訳
中央集権の確立、パリ一極集中、そして平等を自由に優先させる精神構造――フランス革命の成果は、実は旧体制の時代にすでに用意されていた。

ニーチェ
G・ドゥルーズ
湯浅博雄 訳
〈力〉とは差異にこそその本質を有している――ニーチェのテキストを再解釈し、尖鋭なポスト構造主義的イメージを提出した、入門的な小論考。

ヒューム
G・ドゥルーズ／アンドレ・クレソン
合田正人 訳
ロックとともにイギリス経験論の祖とあおがれる哲学者の思想を、二〇世紀に興る現象学的世界観の先どり、《生成》の哲学の嚆矢と位置づける。

カントの批判哲学
G・ドゥルーズ
國分功一郎 訳
近代哲学を再構築してきたドゥルーズが、三批判書を追いつつカントの読み直しを図る。ドゥルーズ哲学が形成される契機となった一冊。新訳。

色彩論
ゲーテ
木村直司訳
数学的・機械論的近代自然科学と一線を画し、自然の中に「精神」を読みとろうとする特異で巨大な自然観を示した思想家・ゲーテの不朽の業績。

倫理問題101問
マーティン・コーエン
榑沼範久訳
何が正しいことなのか。医療・法律・環境問題等、私たちの周りに溢れる倫理的なジレンマから101の題材を取り上げて、ユーモアも交えて考える。

哲学101問
マーティン・コーエン
矢橋明郎訳
全てのカラスが黒いことを証明するには？　コンピュータと人間の違いは？　哲学者たちが頭を捻った101問を、譬話で考える楽しい哲学読み物。

マラルメ論
ジャン＝ポール・サルトル
渡辺守章／平井啓之訳
思考の極北で〈存在〉そのものを問い直す形而上学的〈劇〉を生きた詩人マラルメ――固有の方法的批判により文学の存立の根拠をも問う白熱の論考。

存在と無（全3巻）
ジャン＝ポール・サルトル
松浪信三郎訳
人間の意識の在り方（実存）をきわめて詳細に分析し、存在と無の弁証法を問い究め、実存主義を確立した不朽の名著。現代思想の原点。

存在と無Ｉ
ジャン＝ポール・サルトル
松浪信三郎訳
Ｉ巻は、「即自」と「対自」が峻別される緒論「存在の探求」から、「対自」としての意識の基本的在り方が論じられる第二部「対自存在」まで収録。

存在と無Ⅱ
ジャン＝ポール・サルトル
松浪信三郎訳
Ⅱ巻は、第三部「対他存在」を収録。私と他者との相剋関係を論じた「まなざし」論をはじめ、愛、憎悪、マゾヒズム、サディズムなど具体的な他者論を展開。

存在と無Ⅲ
ジャン＝ポール・サルトル
松浪信三郎訳
Ⅲ巻は、第四部「持つ」「為す」「ある」を収録。この三つの基本的カテゴリーとの関連で人間の行動を分析し、絶対的自由を提唱。（北村晋）

公共哲学
マイケル・サンデル
鬼澤忍訳
経済格差、安楽死の幇助、市場の役割など、私達が現代の問題を考えるのに必要な思想とは？　ハーバード大講義で話題のサンデル教授の主著、初邦訳。

夜の鼓動にふれる　西谷修

20世紀以降、戦争は世界と人間をどう変えたのか。思想の枠組みから現代の戦争の本質を剔抉する。文庫化に当たり「テロとの戦争」についての補講を増補。

ウィトゲンシュタイン『論理哲学論考』を読む　野矢茂樹

二〇世紀哲学を決定づけた『論考』を、きっちりと理解しその生き生きとした声を聞く。真に読みたい人のための傑作読本。増補決定版。

科学哲学への招待　野家啓一

科学とは何か？　その営みにより人間は本当に世界を理解できるのか？　科学哲学の第一人者が、知の歴史のダイナミズムへと誘う入門書の決定版！

ソフィストとは誰か？　納富信留

ソフィストは本当に詭弁家にすぎないか？　哲学成立とともに忘却された彼らの本質を精緻な文献読解により喝破し、哲学の意味を問い直す。（鷲田清一）

ナショナリズム　橋川文三

日本ナショナリズムは第二次大戦という破局に至るほかなかったのか。維新前後の黎明期に立ち返り、その根源ともう一つの可能性を問う。（渡辺京二）

入門 近代日本思想史　濱田恂子

文明開化以来、日本は西洋と対峙しつつ独自の哲学思想をいかに育んできたのか。明治から二十世紀末まで、百三十年にわたる日本人の思索の歩みを辿る。

忠誠と反逆　丸山眞男

開国と国家建設の激動期における、自我と帰属集団への忠誠との相剋を描く表題作ほか、幕末・維新期をめぐる諸論考を集成。（川崎修）

気流の鳴る音　真木悠介

カスタネダの著書に描かれた異世界の論理に、人間ほんらいの生き方を探る。現代社会に抑圧された自我を、深部から解き放つ比較社会学的構想。

日本数寄　松岡正剛

「趣向」こそがニッポンだ。意匠に文様、連歌に能楽、織部に若冲……。時代を往還する取り合わせのキワと核心。（芳賀徹）

ちくま学芸文庫

ウンコな議論《ぎろん》

二〇一六年十一月十日　第一刷発行

著　者　ハリー・G・フランクファート
訳　者　山形浩生（やまがた・ひろお）
発行者　山野浩一
発行所　株式会社　筑摩書房
　　　　東京都台東区蔵前二―五―三　〒一一一―八七五五
　　　　振替〇〇一六〇―八―四一二三
装幀者　安野光雅
印刷所　三松堂印刷株式会社
製本所　三松堂印刷株式会社

乱丁・落丁本の場合は、左記宛にご送付下さい。
送料小社負担でお取り替えいたします。
ご注文・お問い合わせも左記へお願いします。
筑摩書房サービスセンター
埼玉県さいたま市北区櫛引町二―六〇四　〒三三一―八五〇七
電話番号　〇四八―六五一―〇〇五三

ISBN978-4-480-09760-6　C0110